Self-love

le livre ORACLE

Maud Albertini

Self-love

le livre ORACLE

Le lotus & l'éléphant

Ce livre est le fruit de dix années de réflexions, de pensées, de méditations, d'inspirations, de blessures, d'expériences heureuses ou malheureuses, de rencontres, de partages, de joies et de pleurs ainsi que de succès ou d'échecs.

C'est intégralement ce que j'ai vécu profondément et personnellement sans exagération ni fioriture, en toute simplicité et authenticité.

Je me réjouis de partager ces textes avec vous, puissent-ils vous aider à améliorer votre réflexion quotidienne ou tout simplement à trouver des réponses à vos interrogations.

Je dédis cet ouvrage à tous ceux qui m'ont soutenue et me soutiennent chaque jour, à mon conjoint François-Xavier pour son soutien inconditionnel, à mes enfants et petits-enfants chéris, à mes patients, à mes élèves et à tous ceux qui chaque matin lisent « l'énergie du jour » depuis quatre ans sur les réseaux sociaux.

Maud Albertini

Comment utiliser ce livre ?

Vous pouvez poser une question et choisir
une page afin d'avoir votre réponse.
Vous pouvez chaque matin ouvrir ce livre pour obtenir
l'inspiration nécessaire pour
bien vivre votre journée.
Vous pouvez aussi le lire comme n'importe
quel livre, du début à la fin ou en lisant
quelques pages de temps en temps.

Ce livre est un cadeau que vous vous êtes fait ou
que vous avez reçu, il n'est certainement pas
dans vos mains par hasard.
Vous pouvez aussi en profiter pour l'offrir
à une personne qui, d'après vous, en aurait besoin.
Les textes de ce livre sont là pour vous aider
à augmenter votre estime et votre confiance en vous.
Puisse-t-il accompagner de nombreuses personnes
sur le chemin de l'amour inconditionnel.

Ton trésor

La vie est trop intense
pour oublier d'étreindre ceux qu'on aime.

La vie est trop belle
pour oublier de savourer toutes ses splendeurs.

La vie est trop généreuse
pour ne pas se laisser guider par elle.

La vie est trop courte
pour oublier d'aimer tout ce qui est.

Ne sois pas en colère
parce que la vie ne te donne pas ce que tu veux.

Regarde tout ce que tu as déjà
et prends-en soin comme d'un trésor
si tu ne veux pas que ce trésor te soit un jour enlevé.

Je suis désormais là

Je suis désormais là,
incarné·e dans ma propre vie,
comme invité·e à me pénétrer de ma propre substance.

Je suis désormais là,
avec cette impression de ne plus avoir d'autre choix,
de me fondre avec cette force qui m'habite
et qui me porte inlassablement.

Je suis désormais là,
n'ayant plus d'autre issue
que celle de me choisir.

Je suis désormais là,
tel un lotus qui accepte de se laisser porter par l'eau
et qui déploie toute sa beauté alors qu'il ne bouge pas.

Je suis désormais là
et ma place est ici et ailleurs,
partout et en tout,
dans la solitude ou dans la foule,
dans le bruit ou dans le calme,
dans la lumière ou dans la nuit,
dans la présence ou dans l'absence.

Je renais de mes cendres.

Je suis.

Je profite

Je remercie la vie d'avoir la chance
de profiter encore de ce jour, et je le bénis.

Même si je ne le vis pas vraiment bien,
même si ce que je veux n'est pas encore arrivé,
même si mon corps est souffrant ou malade,
même si ceux que j'aime me quittent,
même si je vis une trahison ou une déception,
je bénis ce jour de tout mon être,
de toute mon âme.

Un jour, je ne serai plus là,
et je veux profiter de toutes mes forces maintenant,
car la vie, la vraie vie, c'est tous ces hauts
et ces bas qui alternent
et qui me rappellent à mon extraordinaire humanité.

Merci à la vie d'être.

Les autres

Je n'ai pas changé,
j'ai seulement enfin compris
que je dois m'occuper de moi-même,
car personne ne le fera à ma place.

Je me suis trop longtemps occupé·e des autres.
À partir de maintenant,
je pense à moi et à mon enfant intérieur.

Trop penser à ce que les autres pensent de nous
risque de changer
ce que nous pensons de nous-mêmes !

L'oiseau perché sur l'arbre ne craint pas que la branche casse,
parce que sa confiance n'est pas dans la branche,
elle est dans ses propres ailes.

Je laisse partir

Je laisse partir tout ce qui ne me correspond plus.

Je laisse partir mes anciennes croyances
fondées sur la peur ou la culpabilité.

Je laisse partir tous les chagrins et
toutes les déceptions de mon enfant blessé.

Je laisse partir toute personne ne vibrant plus
à la même fréquence que moi.

Je laisse partir les faux-semblants,
les miens et ceux des autres.

Je laisse partir l'espoir que ça ira mieux demain
et j'accepte que ce que je cherche est déjà là, maintenant.

Je laisse partir toute partie en moi blessée, détruite et souffrante.

Je laisse partir ma noirceur et laisse entrer
la lumière de guérison à la place.

Je laisse partir tous les espoirs que j'avais construits
et tous les projets qui n'ont jamais abouti
pour m'ouvrir à de nouvelles propositions,
plus adaptées à ce que je suis devenu·e.

Je laisse partir toute distorsion en moi, toute partie non alignée et
malade.

Je laisse partir le chagrin de tous mes ancêtres que j'avais invité à
rester en moi,
portant dans mon propre corps, comme une sépulture,
leurs mémoires déchirées au nom de la fameuse « loyauté
familiale ».

Je laisse partir toutes les culpabilités de mes anciens karmas
parce que je choisis de me pardonner au lieu de me punir.

Je laisse partir le désarroi et les peurs de mon enfant intérieur
en lui donnant ce qu'il n'a jamais reçu.

Je laisse partir la tristesse pour la remplacer par la joie.

Je laisse partir le désespoir pour me nourrir d'espoir.

Je laisse partir l'intolérance et l'impatience et les remplace par
la sagesse et le détachement.

Je laisse partir toutes mes peurs pour les remplacer par tout l'amour
qui m'habite.

J’accueille

J’accueille le soleil et la pluie.
J’accueille le jour et la nuit.
J’accueille les activités puis le repos.
J’accueille celui ou celle qui m’aime,
puis un jour me quitte.
J’accueille la fatigue et l’énergie.
J’accueille la santé et la maladie.
J’accueille l’abondance et la pauvreté.
J’accueille la réussite et l’échec.
J’accueille l’espoir et le découragement.
J’accueille ma jeunesse et mes cheveux blancs.
J’accueille la tristesse et la joie.
J’accueille mon équilibre et mon instabilité.
J’accueille le silence et le bruit.
J’accueille ta bienveillance et ta colère.
J’accueille ton amitié et ta trahison.
J’accueille le fait que tu m’acceptes,
puis me rejettes.

J'accepte que tu prennes soin de moi,
puis que tu m'abandonnes.

J'accepte le jour qui se lève
et le soleil qui se couche.

J'accueille la vie et la mort.

Tout est pareil,
tout apporte son contraire tôt ou tard.

Alors, pourquoi m'en faire davantage ?

J'accueille ce qui est,
de la même façon,
avec joie et détachement.

Toute souffrance a un sens

Toute expérience peut servir notre accomplissement,
la joie comme la tristesse,
les réussites comme les échecs,
le courage comme la peur,
la bonne comme la mauvaise humeur,
la confiance comme la méfiance,
la santé comme la maladie,
l'abondance comme la pénurie,
la souffrance comme la douceur,
la solitude comme l'accompagnement.
On ne doit rien rejeter.

Tout est là pour nous guider
et nous amener à notre libération finale.

Si l'on attend uniquement des journées faciles et lisses pour agir,
alors nous n'irons pas très loin.

L'amour prend toutes les formes.
Il prend juste celle qu'il te faut pour t'obliger à te questionner,
et te donner l'occasion de prendre tes responsabilités.

L'amour est capable de tout
pour te montrer qu'il ne t'abandonne pas
et ne t'abandonnera jamais.

Ce n'est pas de sa faute si tu ne le vois pas.
Sache qu'il est toujours tout près de toi.

Aie le courage

Aie le courage d'essayer.
Aie le courage d'être toi,
d'être celui ou celle que tu es vraiment.
Aie le courage de contredire les gens qui ne croient pas en toi
en faisant des choix qui s'alignent avec ton cœur.
Vas-y, aie le courage de suivre ton cœur.

Aie le courage d'aimer.
Pour espérer.
Pour croire à jamais.

Aie le courage de laisser tes masques derrière toi
et de quitter les faux-semblants, les fausses personnalités
et tous les substituts qui cachent ton vrai visage.
Sois réel·le, tel·le que tu es, qui que tu sois.
Aie le courage de cesser de vouloir ressembler à tout le monde
pour, au final, n'être personne.
Regarde au-delà des apparences, mais aussi au-delà de ton
apparence.
Aie le courage de vivre la vie dont tu rêves vraiment depuis toujours.
Vraiment.

Cesse de toujours t'excuser, te justifier et
te rabaisser pour faire plaisir.
Aie le courage de laisser derrière toi
tous les scénarios de la normalité et cesse de te sentir coupable
parce que les autres veulent te le faire croire.
Aie le courage de demander ce dont tu as besoin
et de t'éloigner de tous ceux qui ne peuvent pas te le donner.
Aie le courage de croire que l'amour existe vraiment
et que ce n'est pas parce que tu as souvent été déçu·e,
trahi·e et abandonné·e que tu n'y as plus droit.

Aie le courage de continuer à y croire,
à espérer, à rêver et à nourrir tes rêves et tes ambitions,
tout le temps, sans jamais t'arrêter, sans jamais cesser d'y croire
même si tout en ce moment te laisse penser le contraire.
Ce n'est pas vrai. Tu finiras par y arriver.
Continue, continue sans relâche.
Fais des pauses, mais continue toujours
tant que tu as des forces, tant que tu es en vie.

Alors, aie le courage.
Le courage de vivre vraiment.

**Je jouis
de ma propre vibration
et de celle de l'univers.**

Gagne du temps

Ne perds pas ton temps à essayer de te faire aimer
de personnes qui ne veulent pas ou plus de toi.

Cela te fait dépenser de l'énergie,
d'avoir des attentes et de vivre des angoisses.

Cela t'oblige à mettre un costume qui n'est pas le tien,
à te déguiser en quelqu'un que tu n'es pas, et t'use.

Tu n'es tenu·e de rien,
personne ne t'oblige à rien, arrête de croire cela.

Passe ton temps avec ceux qui t'aiment déjà tel·le que tu es.

Ne te sens plus obligé·e de trahir ton âme
pour quelqu'un qui te demande
de devenir une autre personne que celle que tu es.

Tu ne mérites pas moins,
tu mérites le meilleur.

Tendresse

Ne gaspille plus ton temps à tenter
de te faire apprécier
à tout prix par des gens qui
ne s'intéressent pas à toi.
S'ils ne se retournent pas vers toi,
c'est qu'ils ne te méritent pas, tout simplement !

Consacre ton temps à donner ton affection,
ta tendresse et ton attention à
ceux qui t'aiment vraiment
et qui sont déjà là dans ta vie.

Tu sais bien qu'aucun·e d'entre nous
ne sortira vivant·e de cette histoire.
Alors, utilise ce temps qu'il te reste précieusement
pour t'aimer sans conditions !

Vivre pleinement, maintenant

N'oublie jamais d'être reconnaissant·e
pour tout ce que tu as aujourd'hui.
Tu peux acquérir encore plus de choses,
mais tu peux aussi en perdre.

Rien n'est jamais acquis définitivement,
c'est pour cela que l'on doit être reconnaissant·e
pour ce que l'on a maintenant.

Nombreux sont ceux qui n'ont plus rien,
nombreux sont ceux qu'on a perdus de vue
ou qui ont perdu la vie.
N'oublie jamais, chaque matin, de remercier
pour ce que tu as encore.

N'utilise plus ton énergie pour
t'inquiéter de ton avenir,
utilise-la plutôt pour vivre pleinement
ton instant présent.
Cesse d'avoir peur de mourir,
occupe-toi surtout d'avoir envie de vivre.

Tout est possible

Que ce jour qui se lève soit l'occasion pour toi de dire : « oui. »
Oui à ce que ton cœur aspire,
oui à ce que ton âme désire,
oui au changement,
oui à l'accueil de ce que tu ne peux changer pour le moment.

N'oublie pas que tout est provisoire, tout est passager,
et ce dont tu souffres en ce moment
est là pour te montrer quelque chose d'important
qui se passe en toi.

Dis oui à la vie
dans les circonstances où tu la vis.

Au lieu de toujours résister, pester, te révolter,
te poser en victime ou en rebelle,
peux-tu dire oui, pas un oui de soumission,
d'abandon ou de fuite,
mais un oui empli de joie et d'amour ?

Tout ce à quoi tu résistes persiste.
Tout ce à quoi tu fais face s'efface.

Le jugement des autres

Les opinions ne sont pas des faits.
Ne t'inquiète plus de ce que les autres disent de toi.

Au lieu de te focaliser sur tes manques
et sur ce que tu n'arrives pas encore à obtenir ou à faire,
porte ton attention sur ce que tu as déjà.
Si tu ne prends pas soin de tous les cadeaux que tu as,
tu pourrais finir par les perdre.

Si tu concentres ton attention et ton énergie sur ce que tu n'as pas,
tu prends le risque d'augmenter ces peurs et de les rendre encore
plus réelles.

Au lieu de faire et d'avoir pour être,
change ta version et utilise le *être* d'abord
pour que le *faire* et l'*avoir* arrivent presque tout seuls.

Souvent, lorsque tu souhaites vivre une relation
pour te sentir beau ou belle, amoureux·se et rempli·e,
tu te nourris en allant chercher tout cela à l'extérieur et en prenant
quelqu'un en otage,
afin qu'il te donne ce que tu n'arrives pas à te donner.

Je sais, je t'entends d'ici me dire que « ce n'est pas évident »,
que tu n'y arrives pas,
que « c'est plus facile à dire qu'à faire ».

Évidemment, tu fais toujours du mieux que tu peux.

Mais maintenant, malgré tout, peux-tu d'abord tomber amoureux·se
de toi et contacter ta beauté intérieure ?
Tu auras bien plus de chance de recevoir la même chose ensuite,
et d'aimer l'autre pour qui il·elle est, non pour ce qu'il·elle pourrait
t'apporter.

L'amour est une attitude envers soi,
qui se projette à l'extérieur.

Aime-toi d'abord,
et le reste suivra.

Sois authentique

Lorsque tu décides enfin d'être toi-même,
ceux qui ne t'apprécient plus partiront.
Ils permettront à d'autres personnes, plus en harmonie
avec qui tu es vraiment, de prendre leur place.

Tu seras toujours gagnant·e d'être la vraie personne que tu es.
Il te faut juste accepter qu'au début, il y ait beaucoup
d'abandons dans tes relations
et ne pas t'en faire pour la suite.

On perd tellement d'énergie à se déguiser en
quelqu'un que l'on n'est pas
qu'on finit toujours par être perdant·e
parce que les autres vont s'en apercevoir.

Il vaut mieux être aimé·e par peu de gens qui te reconnaissent
pour qui tu es vraiment
que par un tas de personnes toxiques qui te fréquentent
pour tirer profit de toi,
et non parce qu'ils t'apprécient.

Sachant cela, laisse tomber les masques et montre-toi
tel·le que tu es,
parce qu'autrement, ta vie deviendra vite un enfer
sans saveur et sans lumière.

L'amour n'accepte aucun faux-semblant.
Il est transparence et authenticité.

Ne te retourne pas, hier n'existe déjà plus

Aujourd'hui, dans cet unique moment présent,
tu peux créer une nouvelle histoire
qui peut davantage te rapprocher de
ce que tu veux.

Le·la véritable créateur·rice, c'est toi,
et non tous ces fantasmes que tu élabores
à partir de ce que les autres ont dit de toi.

Crée ce que tu veux et ne te retourne plus.
S'ils ont prétendu que tu ne valais rien
et que tu n'irais pas loin, montre-leur
qu'ils se sont trompés
et qu'ils ne faisaient que parler d'eux.

Pour toi, c'est maintenant.

Je prends ma place

Aujourd'hui, je décide de prendre ma place et de m'affirmer.
J'ai conscience que le moment est venu de cesser
de me mettre toujours de côté, de penser que
je ne dois pas déranger,
que les autres valent plus que moi.

Aujourd'hui, je sens profondément la belle personne
que je suis et j'ose me mettre en avant.

Aujourd'hui, j'ose exprimer ce que je ressens, ce que je vis,
je cesse de toujours me taire et de faire semblant que tout va bien.

Je sais que certaines personnes ne m'approuveront pas
parce qu'elles ne me reconnaîtront plus,
parce qu'elles ne pourront plus agir avec moi comme avant,
peut-être en ne tirant plus profit de moi, mais cela m'est bien égal.

Je casse la vieille croyance « Les autres passent avant moi »
et je la remplace par « Moi d'abord », sans peur ni culpabilité.

J'assume ma différence et je la mets en avant,
pas demain, pas l'année prochaine, pas « plus tard »,
mais maintenant, dans la confiance et la joie la plus totale.

Accepter ce qui est

Fais des projets, mais accepte qu'ils ne se dessinent pas exactement
comme tu l'avais prévu.

Prends chaque instant comme un acte sacré
et abandonne-toi à lui.

La source qui coule en toi sait parfaitement ce qu'il y a de mieux
pour toi,
cesse de t'en faire, et ouvre-toi à ce qui te nourrit,
sans peur.

Si les situations sont difficiles ou inconfortables,
rien ne t'oblige à continuer de les vivre.
Change, adapte-toi et continue d'avancer.

Si tu es malade physiquement, fatigué·e,
ou que tu souffres émotionnellement,
continue de te nettoyer, n'abandonne pas.
La route est peut-être longue et tu n'en vois pas le bout,
mais sache que tous tes efforts ne seront jamais vains
et, un jour, tu remporteras la victoire,
ici ou ailleurs, peu importe,
le temps est une illusion.

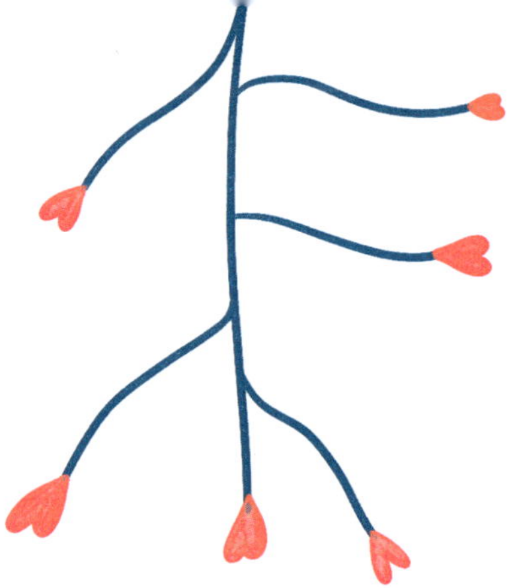

La seule chose qui compte,
c'est de t'aimer, de te pardonner et d'honorer la vie
et les gens qui t'aiment vraiment,
de façon que, lorsqu'à ton tour tu partiras de l'autre côté du voile,
tu le fasses sans regrets,
et que tu puisses dire « merci »
pour tout ce que tu as vécu ici-bas.

Tout est sur ton chemin pour te montrer où tu en es avec toi,
l'injustice n'existe que sur le plan de l'ego,
pas sur le plan spirituel.
Tout est juste dans l'amour.

Reste constamment ouvert·e aux enseignements de la vie
et ose dire « Je sais que je ne sais jamais »,
en restant profondément vivant·e et incarné·e.

Il n’y a pas d’épreuves

Il n’y a pas « d’épreuves »,
il y a juste des expériences de vie
qui te rapprochent de ce que tu cherches
à être profondément.

Tu ne peux avancer sans difficultés :
ce sont elles qui te forgent et t’enseignent
à accueillir toutes les parties de toi
que tu n’as pas encore aimées et pardonnées.

Savoir rester ouvert·e aux leçons de la vie
et vivre juste l’instant présent
permet de sortir de l’incertitude.

Soit tu apprends à accueillir la situation
en t’adaptant progressivement à ce qu’elle est,
soit tu t’en défais en t’éloignant d’elle.

Tu as toujours le pouvoir de choisir.

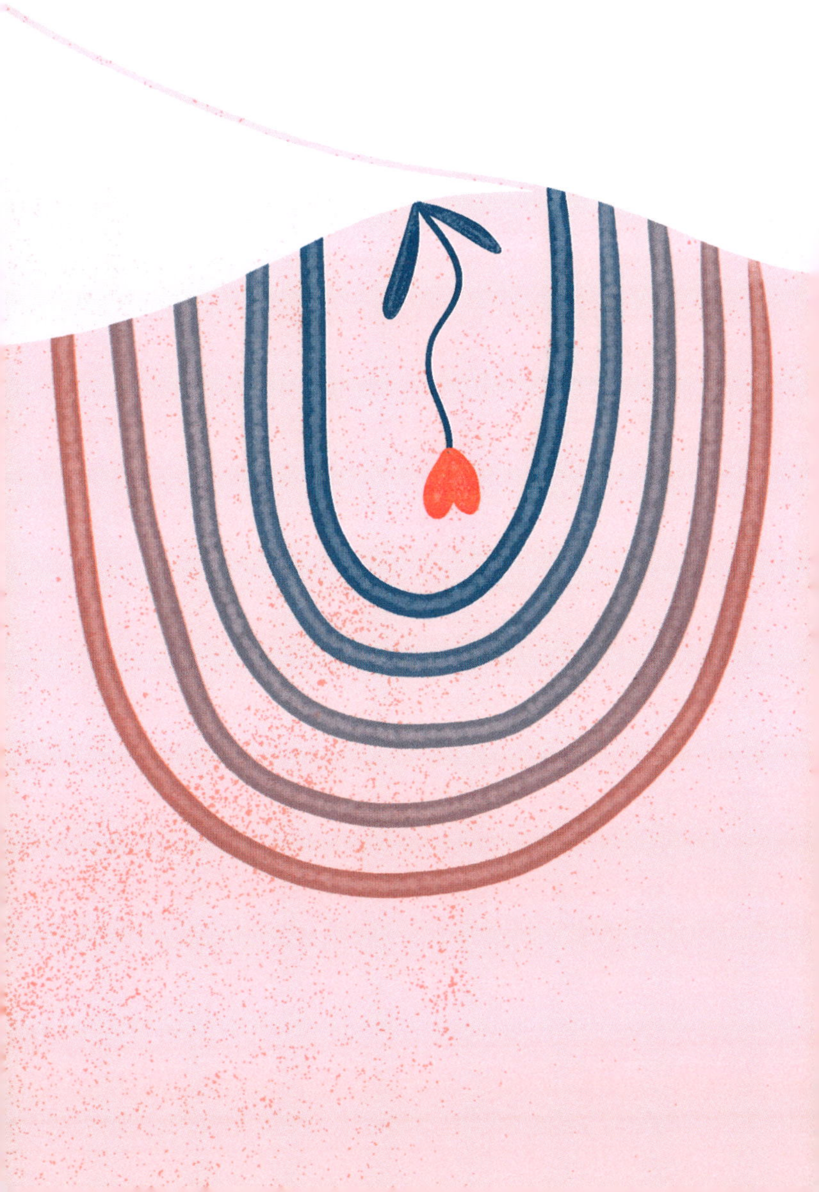

**« Pour savoir ce qu'est le feu,
il faut s'y brûler ;
de même l'amour. »**

Proverbe japonais.

N'abandonne pas l'amour

Beaucoup, après une déception
ou une trahison amoureuse,
se referment, quelquefois définitivement.

Évidemment, il n'y a personne à blâmer.
Cela est arrivé à chacun·e d'entre nous,
au moins une fois.
Peut-on se rappeler cela ?
Mais si l'on veut donner
une seconde chance à l'amour,
on doit accepter de se brûler,
peut-être encore plusieurs fois,
sans jamais se décourager ni renoncer.
Le pire serait de se fermer comme une huître
et de se plaindre ensuite
que personne ne veut nous aimer.

Aime ton humanité

Quand tu as mal, ton premier réflexe est de vouloir vite supprimer cette sensation d'inconfort.

Tu as recours à des substituts qui t'aideront à ne plus rien sentir, à continuer à faire comme avant.

Tu peux utiliser le téléphone pour raconter tes malheurs, ou te défouler sur les jeux en ligne, manger sans faim.

Tu peux travailler plus que de raison ou, au contraire, avoir toujours envie de dormir pour oublier, prendre des tranquillisants.

Tu peux te noyer dans les relations.

Tu peux être celui ou celle qui voyage tout le temps, qui a un besoin insatiable de liberté.

Tu peux aussi te focaliser sur le fait d'avoir beaucoup d'énergie afin qu'on te remarque pour ton magnétisme.

Tu peux être celui ou celle qui prétend toujours aller bien, qu'il « n'y a jamais de problèmes, uniquement des solutions ».

Tu peux t'étourdir dans des achats compulsifs, des cours de ceci, des stages de cela.

La liste n'est pas exhaustive…

Mais un jour, à force de te couper de toi-même,
tu finiras par te sentir épuisé·e, vidé·e
alors que tu auras pourtant tout fait, tout essayé,
et tu te sentiras impuissant·e.
Tu seras obligé·e de t'arrêter, de t'écouter.
Tu seras obligé·e de te raconter aux autres, à toi-même et,
surtout, à ton enfant intérieur.
Tu seras obligé·e de reconnaître que tu avais besoin d'aide.
Tu seras obligé·e de reprendre contact avec ton corps
pour le remercier, pour lui dire à quel point il était formidable.

Oui, tu es tombé·e à plusieurs reprises.

Aujourd'hui, accepte enfin de t'aimer *imparfait·e.*
Reconnais ton humanité, ta vulnérabilité, tes limites.
Accepte de refaire *confiance* à toi-même d'abord, aux autres ensuite.

Accepte de goûter à la vie, de t'en délecter, même si par moments
elle te fait encore mal.
Aime-la, infiniment.

C’est en toi

Que tu manques d’amour ou d’argent,
que ta santé laisse à désirer,
que tu viennes de subir une perte, quelle qu’elle soit,
n’oublie pas que seul l’amour que tu te portes
te guérira de tous tes maux,
même les plus douloureux,
même les plus insupportables.

Si tu n’as pas cet amour pour toi, relié à la source divine en toi,
rien ne peut être vraiment surmonté, dépassé et transcendé.

Cet amour, tu ne le trouveras jamais chez qui que ce soit,
à part au plus profond de toi.

Personne n’est capable de t’offrir autant d’amour
que tu ne peux t’en donner.

Lorsque tu seras en contact avec cet amour en toi,
alors ce ne sera plus un problème pour toi de donner
et de recevoir de l’amour continuellement et à l’infini.

Mon passé me conduit vers la joie

J'ai l'impression que tout ce que j'ai dans ma vie
m'a mené·e à toi.
Mes choix, mes déchirements, mes regrets,
mes joies, mes peines, mes accomplissements, mes échecs.
Tout.

Et quand nous sommes ensemble,
mon passé en vaut non pas la peine, mais la joie.

Parce que si j'avais fait les choses différemment,
je ne t'aurais jamais rencontré·e.

Ce qui n'est pas bon pour moi m'échappera toujours.
Et ce qui m'est destiné me trouvera toujours, où que je sois.

Sachant cela, j'apprends à écouter les messages
de mon corps (ressentis, émotions, énergies)
qui me dit exactement si la direction que je prends
me détruit ou me fait grandir dans la joie et la liberté.

Gratitude
à la vie et
à l'amour infini.

Je veux profiter

Je veux profiter du temps qui passe.
Je veux profiter de cette journée.
Je veux profiter d'être là.
Je veux profiter d'être encore vivant·e.
Je veux profiter de ma Terre.
Je veux profiter de mon corps.
Je veux profiter de l'air que je respire.
Je veux profiter de la musique de l'univers.
Je veux profiter de savoir écouter les appels de mon âme.
Je veux profiter des chants de la nature.
Je veux profiter de vos sourires.
Je veux profiter de vous lire.
Je veux profiter de votre amitié.
Je veux profiter de votre soutien.
Je veux profiter de mes enfants chéris.
Je veux profiter de mes petits-enfants bénis.
Je veux profiter de ceux que j'aime.
Je veux profiter de mes ami·e·s.
Je veux profiter de mon intuition.
Je veux profiter de ma propre présence.

Je veux profiter et goûter chaque jour, chaque heure,
chaque minute, chaque seconde qui passe.

J'ai conscience qu'au moment où j'écris ces lignes,
d'autres sont en train de laisser s'effacer les leurs.

J'ai conscience qu'en ce moment où je profite de tous ces cadeaux,
d'autres sont en train de rejoindre la Source éternellement aimante.

J'ai conscience qu'un jour, moi aussi, je partirai d'ici.
J'ai conscience que si ce jour arrivait bientôt,
je serais prêt·e, sans regrets, sans remords,
à les rejoindre à mon tour,
non pas que j'ai tout accompli ou réalisé,
mais parce que j'aurai compris que tout est toujours juste
et à sa place, à chaque instant.

Je veux profiter d'être encore vivant·e,
je veux profiter d'être encore ici.

Je veux profiter d'aimer et de me laisser aimer.

Paix, joie et guérison

Tes difficultés actuelles
ne sont que des mémoires inadaptées
à tes nouvelles énergies,
et qui doivent s'épurer afin d'être infiniment
disponibles pour tout cet amour qui t'habite.

Cela peut effectivement passer par
toutes sortes de désagréments mentaux ou physiques.

Seule l'acceptation de ce fait,
donc le lâcher-prise,
permettra la libération de
tes fréquences vibratoires inadaptées
et te donnera la possibilité de les remplacer
par de hautes fréquences d'amour,
de paix, de joie et de guérison.

Je cesse de tout vouloir régler seul·e.

Écoute

Si tu veux être en accord avec toi-même,
alors suis ce que tu ressens profondément.

Ton intuition ne te trompera jamais.
Tu sais qu'il s'agit d'intuition lorsqu'en l'écoutant
tu n'éprouves aucune peur.

L'intuition est un don qui vient de l'énergie divine
que l'on a tou·te·s au fond de nous.
Elle ne fera rien qui ne se retournera contre nous
car elle sait ce qu'il y a de mieux pour nous.

Toute autre source d'information n'est que le bruit du mental,
qui a peur et érige des barrières
parce qu'il se croit constamment attaqué de l'extérieur.

Lorsque rien ne prend forme et que ton désespoir te submerge,
demande à l'univers de prendre le relais
en t'aidant à réaliser ce dont tu as besoin et, ensuite, détends-toi.
Attention, ne doute pas de lui,
dépose ton cœur entre ses mains
et fais comme s'il t'avait déjà répondu.

L'univers t'aime et fera tout ce qui est en son pouvoir
pour t'aider et soulager ta peine.

Fais-toi confiance,
et crois en la force de l'univers.

Canalisation

En réalité, toi et toi seul·e sais ce qu'il y a de mieux pour toi.
Si quelqu'un veux te prédire ton avenir,
souvent, il te dit ce que tu sais déjà,
mais le manque de confiance en ta médiumnité intérieure
te fait encore défaut.
Alors, tu as encore besoin des autres pour qu'ils fassent écho à ton propre savoir.
L'autre ne fait que te dévoiler ce qu'il y a déjà en toi.
Il aide à lever tes barrières mentales
en traversant ton cœur afin de le faire parler.

Mais il est bon d'avoir un miroir, en passant par une aide salvatrice
pour cesser de perdre ton temps.
Elle t'invite à commencer à passer à l'action
et te suggère d'arrêter de te dévaloriser.

Lorsque tu t'exprimes, aie des paroles encourageantes
et bienveillantes pour ceux qui en ont besoin,
car tes paroles positives peuvent changer le cours de leur existence
en leur redonnant de l'espoir, en leur rappelant
la belle personne qu'ils sont.
Ne vois que leurs qualités et mets de côté leurs défauts.
Ils n'ont pas besoin de toi pour les entendre,
car ils les connaissent déjà.

Le monde dérive et a un immense besoin de toi.

Le moment est venu d'accepter définitivement ton autonettoyage
et de laisser toutes tes culpabilités ressurgir ainsi que tes peurs
afin de les accueillir et de les traiter avec tout l'amour qu'elles
méritent : le tien.

Aie confiance en ta sagesse intérieure,
ne vis plus à travers la vie de quelqu'un d'autre.
Vis ta propre vie parce qu'elle est unique
et que personne ne pourra la vivre mieux que toi !

Ce n'est pas pour demain. C'est maintenant, ici, ensemble.
Que l'amour guide tes pas et soit ta plus grande réalité.

Solidaire

Cesse de tout vouloir contrôler ou gérer seul·e,
c'est fatiguant, usant et déprimant.

Aujourd'hui, accepte de recevoir de l'aide,
et surtout d'en demander.

Le temps de notre solidarité est venu.

Mais pour accepter de tendre la main vers l'autre,
tu dois d'abord commencer à accepter
de tendre la main vers toi et ton enfant intérieur.

« Aide-toi,
et le Ciel t'aidera. »

S’éloigner

N’essaie pas de te venger de ceux
qui t’ont fait du mal.
Au fond, ils n’attendent que cela,
que tu réagisses pour qu’ils aient
de quoi nourrir leur colère
et se défouler sur toi
de ce qu’ils n’ont pas réglé en eux.

Choisis plutôt de t’en éloigner, de les ignorer
et de retourner dans la paix qui t’habite.

Il ne s’agit jamais de toi.

Demande à l'univers

Je cesse de tout vouloir régler seul·e.

J'arrête de résister à ce qui est,
je l'accepte et je demande à l'univers
de prendre le relais et de travailler à ma place,
car je suis fatigué·e et ne trouve plus de solutions.

La vie et l'univers sont généreux
et m'apporteront la réponse à mon malaise,
car ils sont heureux qu'enfin
je leur fasse confiance
et que je m'abandonne dans leurs bras.
Ils sont profondément présents et aimants.

Choisir soi-même

Garde toujours ton indépendance d'esprit
et ton discernement.

Réfléchis, ne demande pas aux autres qu'ils le fassent pour toi !
Tu as une âme, tu as un cœur, il faut t'en servir.
Toi seul·e peux savoir si tu es dans la vérité.

Les autres ne sont pas plus élevés
ni plus spirituels que toi.
Nous sommes tou·te·s spirituel·le·s,
mais certain·e·s ne se sont pas encore réveillé·e·s
ou éveillé·e·s à cette réalité.

Cherche, suis ton intuition,
demande à ton corps de te guider
pour savoir ce qui est bon ou non pour toi.
Si ton corps se sent bien à l'idée de faire ou d'avoir quelque chose,
alors il dit oui ; s'il se sent mal, alors il dit non.
Apprends à l'écouter, car ton corps est ton meilleur ami
et connaît parfaitement tes besoins.

N'oublie pas que chacun·e avance à sa manière
et fait toujours du mieux qu'il·elle peut,
même si tu ne le comprends pas.

Rappelle-toi ceci : il n'y a pas de gens méchants,
il y a seulement des gens souffrants qui ont
des comportements méchants.
Bien-sûr, ces mots peuvent te heurter, et c'est leur but :
te secouer pour te faire réfléchir.

Si c'est trop difficile, prends de la distance
vis-à-vis de ceux avec lesquels tu n'es pas en harmonie,
personne ne te demande de te torturer.
Souvent, couper les ponts, partir, cesser la relation,
dire au revoir est nécessaire, le temps de faire
ta propre introspection.

Il n'y a rien d'interdit, cependant rappelle-toi
que tu dois assumer la responsabilité totale de tes actions.

Ne te laisse jamais entraîner par quelqu'un que
tu jugerais mieux que toi.
N'aie toujours qu'une seule chose en tête :
la pensée de l'amour.

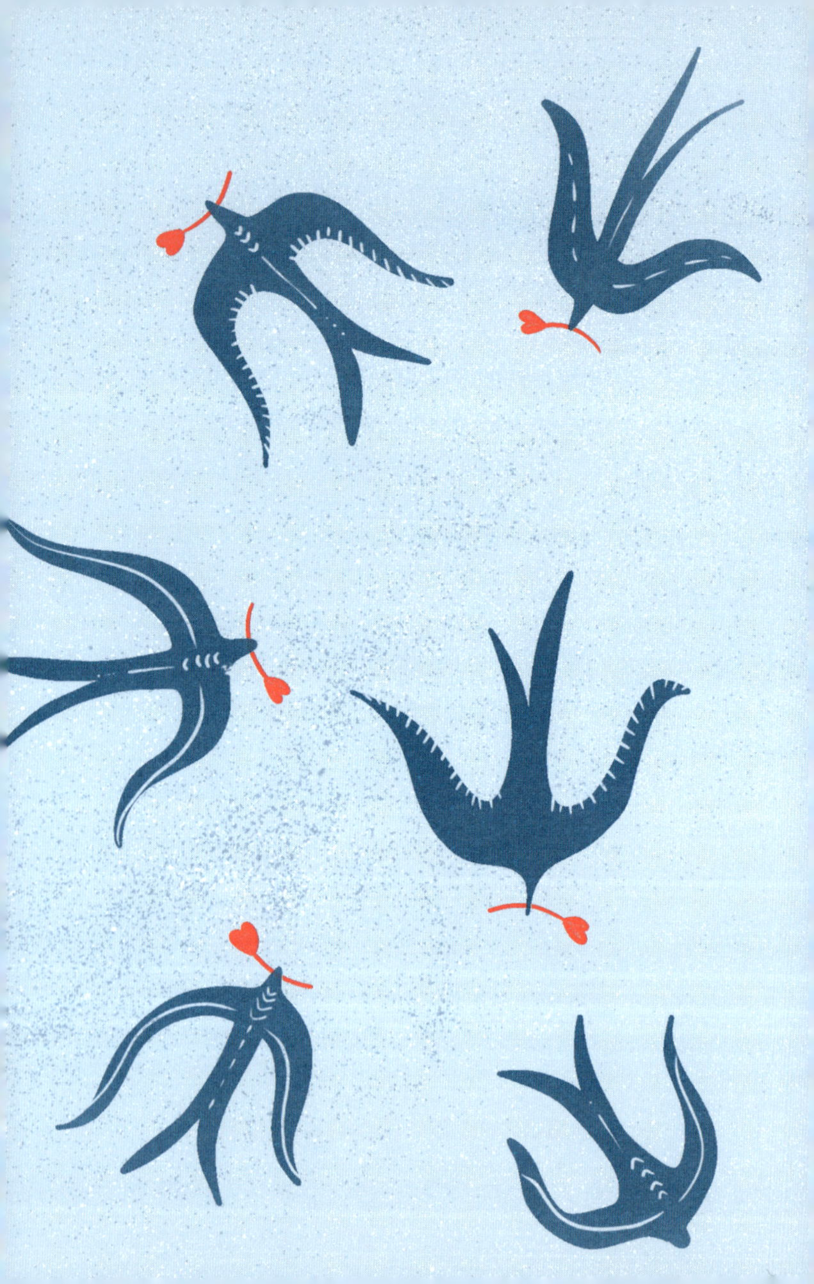

Vous n'êtes plus seul·e·s

À tous les êtres qui souffrent.
À toutes les âmes qui sont désespérées et perdues.
À tous ceux qui sont en train de partir de l'autre côté du voile.
À tous ceux qui nous ont quittés.
À tous ceux qui ont besoin de tendresse, de compassion et d'attention.
À tous ceux qui ne croient plus en rien ni en personne.
À tous ceux qui espèrent des lendemains meilleurs.
À tous ceux qui sont touchés dans leur corps par la souffrance et la maladie.
À tous ceux qui luttent, s'accrochent et continuent d'y croire.
À tous ceux qui sont sans revenu et qui ont peur du lendemain.

Envoyons-nous nos plus belles pensées d'amour,
de compassion, de soutien et de tendresse absolue.

Vous n'êtes désormais plus seul·e·s.
Nous sommes tou·te·s avec vous.
Nous sommes tou·te·s connecté·e·s.

Que la paix universelle vous soutienne
dans votre quête de libération et de guérison,
que la joie de l'instant présent
apaise votre âme et libère votre esprit.

Je te laisse être qui tu es

Je n'ai plus peur de perdre la personne que j'aime
car je sais qu'elle ne m'appartient pas
et ne m'appartiendra jamais.

Je sais qu'elle est près de moi pour me montrer tout ce que je suis,
tout ce que j'aime et n'aime pas de moi-même.

Je ne cherche plus à la contrôler et la laisse agir à sa guise
en notant que cela ne met pas en danger ma sécurité intérieure.

Je la laisse être qui elle veut être,
réaliser ses rêves et avoir ses propres façons de penser,
car elle est, tout comme moi, un être unique ayant des besoins
uniques.

Je décide de m'adapter à tout ce qui se présente à nous
et tente de ne plus y résister,
même si nous devions un jour nous séparer.

Je choisis de vivre l'amour et l'acceptation
à la place de la peur et de la résistance.

L'amour sacré est mon lieu de naissance
et l'endroit où maintenant je veux retourner.

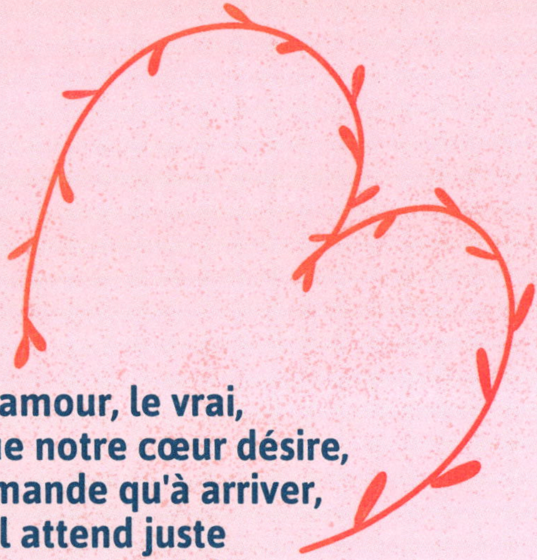

L'amour, le vrai,
celui que notre cœur désire,
ne demande qu'à arriver,
il attend juste
que la place soit libre.

Pardonne-toi

Ne t'en veux pas si tu as ouvert ton cœur
et que quelqu'un en a profité.
Ne te déteste pas en te blâmant d'avoir été stupide,
parce qu'au fond de toi, tu le savais
et tu n'as pas voulu écouter ton intuition.

Ton besoin d'affection et d'amour est grand et légitime.
Tu as voulu faire confiance,
car ton cœur réclame cette attention
que tu n'as peut-être pas eu enfant.

Nous sommes nombreux·ses à vivre cela,
et tout cela n'est pas de ta faute.

C'est une bonne nouvelle que cette personne
t'ait rejeté·e ou abandonné·e,
c'est une bonne nouvelle, car elle t'a sûrement épargné·e
des souffrances encore bien plus grandes.
Elle t'a sauvé·e du pire qui aurait pu t'arriver :
rester avec elle et sombrer au fond d'un trou,
celui du chagrin et du désespoir.

Pardonne-toi, car tu as fait du mieux que tu pouvais,
Pardonne-toi, parce qu'il est temps pour toi de vivre pour la belle
personne que tu es devenue.

Si ton cœur est brisé aujourd'hui,
c'est parce que c'est le moment de prendre soin de lui,
et toi seul·e le peux,
l'autre ne le peut pas et ne le pourra jamais.

Et un jour, ça arrivera.
Un jour, alors que tu seras en train de faire
quelque chose, ça surgira.
Tu diras : « Stop ! Je ne veux plus être traité·e ainsi. Stop !
Je veux me respecter et qu'on me respecte. »
Et tu arrêteras tout ça.

Un jour, il ou elle arrivera et prendra soin de toi,
pas pour te guérir ou faire à ta place,
juste pour compléter ce que tu as déjà fait et en faire
un cadeau du Ciel.

Un jour, tu réaliseras que cette attention,
cette présence, cette douceur, cet enveloppement
et cette protection que tu recherches à l'extérieur,
c'est à toi de te les donner d'abord.

L'autre ne doit plus être ton pansement,
celui qui recouvre tes plaies et te donne la sensation d'être guéri·e.

Parce que tu es déjà quelqu'un : toi.
Et c'est bien de toi dont tu dois prendre soin.
Donne-toi enfin ce que tu attendais chez l'autre
et qu'il ne te donnera jamais de la façon dont tu le voudrais.

Aime

Prends bien soin de ceux que tu aimes.
La vie n'est pas éternelle.
Dis-leur « je t'aime » maintenant, pas demain !
Prends-les souvent dans tes bras et
hume le parfum de leur peau.
Caresse leurs cheveux et sens la douceur
de leur visage.
Touche leurs mains et serre-les fort
contre ton cœur.

Nous cherchons tou·te·s la même chose
et nous souffrons tou·te·s du même manque :
celui d'être aimé·e inconditionnellement.

Alors :

aime, aime, aime,
et nous serons liés pour l'éternité, dans ce monde
et ailleurs, dans n'importe quel autre monde.

Tout obstacle est une opportunité d'apprendre

Chaque situation bloquée nous délivre un enseignement,
sinon, elle n'existerait sûrement pas.
Ce peut être de développer les comportements suivants :

cultiver la patience,
écouter les messages de son corps,
faire confiance à son intuition,
apprendre à vraiment écouter les autres,
apprendre à se dire oui en disant non aux autres,
avoir davantage confiance en soi,
apprendre à se pardonner,
avoir du courage,
poser de nouvelles actions sans être attaché·e aux résultats,
faire des choses par amour et non par peur pour soi,
savoir demander,
donner sans rien attendre en retour,
avoir de la gratitude pour tout ce que l'on a déjà,
voir le bon côté de chaque situation plutôt que le mauvais,
se faire au moins un compliment par jour,
essayer quelque chose de nouveau,
voir la souffrance dans chaque personne dite « méchante »,

savoir exprimer son amour,
savoir présenter ses excuses,
accepter de ne pas avoir toujours raison,
considérer chaque personne comme une âme qui cherche
son chemin,
parler avec son enfant intérieur,
prendre soin de soi,
voir l'abondance en chaque chose,
demander de l'aide aux forces de lumière
et aux maîtres ascensionnés,
vivre aujourd'hui comme si demain n'existait pas,
savoir remercier pour tout ce que l'on a, tous les jours,
remercier la Terre, les plantes, le Soleil, les rivières.

Et toi, que penses-tu devoir davantage cultiver ?
Peut-être que noter et relire cette liste te permettra de développer
ta confiance en toi en osant te confier et te révéler,
puis d'agir pour rester dans le mouvement et le flux de l'univers.

« Quand personne ne vous félicite, apprenez à vous féliciter. Si personne ne vous complimente, alors complimentez-vous. Ce n'est pas aux autres de vous encourager, c'est à vous. L'encouragement doit venir de l'intérieur. »

Neale Donald Walsch

Se complimenter

Depuis que tu te fais des compliments
lorsque tu te sens fier·ère de toi,
tu manipules beaucoup moins les autres
pour qu'ils t'en fassent.
Tu cesses ainsi de gaspiller de l'énergie
pour attirer l'attention
et recevoir une approbation,
puisque tu le fais instantanément toi-même.

Cette attitude développe considérablement
la confiance en soi,
elle te délivre de l'état de victime et
de la peur du rejet.

Il n'est pas nécessaire d'accomplir
des actes extraordinaires
pour te faire des compliments.
Tout est bon à prendre lorsqu'il s'agit
de cultiver l'amour de toi
et de retrouver la fierté d'être la personne
que tu es réellement.

Ne plus rien attendre

Agis, pose des actions, puis n'attends rien,
ni que cela fonctionne
ni que cela ne fonctionne pas.

Telle est la grande force de la loi d'attraction :
comme un aimant, elle fera venir
ce que ton cœur désire,
d'autant plus facilement
que tu ne l'attendras même plus.

N'utilise pas ton énergie pour t'inquiéter.
Utilise ton énergie
pour vivre juste ce qui est.

Quand tu remplis ta propre vie de bonheur,
de contemplation et de joie,
tu cesses d'envier les autres
et tu n'as plus besoin de leur regard
ou de leur approbation pour te sentir vivant·e,
incarné·e et rayonnant·e !

Sois l'alchimiste de ta vie

Si on te critique,
fais-en une force.

Si on te détruit,
fais-en une arme.

Si on te dénigre,
cultive le détachement.

Si on te manque de respect,
fais-en de l'amour pour toi.

Si on te maudit,
fais-en de la puissance.

Si on te rejette,
fais-en de la joie.

Si on t'humilie,
développe la compassion.

Si on t'abandonne,
chemine vers la réconciliation.

Tout est amour pour toi,
toujours,
malgré les apparences.

Car tout est là
pour que tu puisses te transformer et t'élever.

Deviens l'alchimiste de ta vie
et que tous tes malheurs soient tes plus puissantes armes
pour élever ton cœur et ton âme vers la liberté.

La responsabilité

Le monde que je vois est le monde que je suis.

Je ne suis en aucun cas victime de ma situation,
j'ai à chaque instant le pouvoir de choisir de la vivre ou de la quitter.

Je décide de me poser en responsable de tout ce que je vis, à 100 %,
en étant un·e observateur·rice conscient·e et aimant·e.

La relation que j'ai avec les autres existe pour me montrer
où j'en suis dans ma propre relation.

Je traite les autres comme je me traite, et ils en font autant.

Tout est toujours juste à chaque instant.
Je prends le temps de goûter chaque moment qui passe,
car je sais qu'il ne reviendra plus jamais.

Je bannis de ma vie le « hier » et le « demain »,
car je sais que c'est seulement dans le « maintenant »
que je peux être la belle personne que je suis.

Je prends de plus en plus conscience
que je n'ai absolument rien à changer en moi,
mais, bien au contraire, à aimer sans conditions tout ce que je suis,
dans mes parts les plus lumineuses comme les plus sombres.

Au fur et à mesure que je m'accueille tel·le que je suis,
je n'ai plus besoin d'aucune réponse, ni d'aucune attente,
car je sais que tout ce que je cherche est en moi ;
je dois juste le révéler et le rayonner.

Ce qu'il y a de mieux

Prendre son envol,
c'est décider de devenir responsable de sa vie,
de ne plus accuser quiconque, ni soi-même,
de ce qu'il nous arrive, de ce que nous vivons.

Être responsable ne signifie pas être coupable,
mais, bien au contraire,
c'est être l'acteur·rice principal·e de sa vie
et savoir que nous avons le pouvoir
de choisir à chaque instant
en assumant toutes les conséquences
de nos actions, paroles, pensées et émotions.

C'est en quelque sorte être en communion
avec notre guide ou notre lumière intérieure,
qui savent toujours ce qu'il y a de mieux
pour nous.

Je suis

Dans la romance de ma vie,
je suis.

Dans les incertitudes,
les faiblesses et les forces,
je suis.

Dans la beauté comme
dans la laideur,
je suis.

Dans la joie comme
dans la tristesse,
je suis.

Dans le courage comme
dans la peur,
je suis.

Dans le pouvoir comme
dans l'impuissance,
je suis.

Dans la santé comme
dans la maladie,
je suis.

Dans la foule comme
dans la solitude absolue,
je suis.

Dans la pauvreté comme
dans l'abondance,
je suis.

Dans la connaissance comme dans l'ignorance,
je suis.

Dans la vie comme
dans la mort,
je suis.

Maintenant et éternellement,
je suis tout cela.

Acceptation

Je dépose à mes pieds mon passé.
Il m'a été d'une grande aide autrefois,
mais aujourd'hui, il se retourne contre moi.

Ce qui était bon pour moi dans le temps ne l'est plus.

Je chasse en moi les intrus, les parasites, les infections
qui ont rongé mon corps,
acidifié mon sang et affaibli mon souffle.

Je nettoie et désinfecte les plaies de mon âme.
J'assainis mes cellules et les nourris
d'une nouvelle énergie vibratoire d'amour.

Avant, je n'avais de cesse de me protéger de tout et de rien,
et surtout de moi-même...
Avant, je versais souvent dans la paranoïa.
Avant, la susceptibilité mortifère et la sensation
de ne pas être compris·e étaient souvent mon quotidien.

Aujourd'hui, je prends enfin ma place.

Mes ancêtres sont partis.
Je chasse de mon corps leurs chagrins,
leurs non-dits, leurs souffrances.

J'éradique toute croyance contraire aux besoins de mon âme.
Je change le contenu de mon système de valeurs
et l'adapte progressivement à la merveilleuse personne
que je suis devenue.

Je suis amour.

Le pouvoir de l'acceptation

Tout est parfait et juste dans ce qui nous arrive,
nous ne sommes pas victimes de notre vie…
Seul l'ego veut croire que tout est injuste
et qu'il doit se battre, se plaindre, voire se venger en permanence.

Il nous chuchote sans arrêt que la vie est dure,
qu'il faut souffrir pour y arriver et que c'est de notre faute ou de la faute des autres,
parce que nous ne sommes pas assez ceci ou cela.

Tant qu'il n'y a pas l'acceptation, il ne peut pas y avoir de guérison.
Et si, malgré l'acceptation, la guérison n'intervient toujours pas,
ce qui compte, c'est d'avoir dit oui à ce qui est.
Les choses prendront alors une tournure différente,
ce qui est insupportable deviendra plus supportable…

La guérison des blessures de l'âme n'est pas une affaire mentale.
C'est une ouverture du cœur, c'est accepter *ce qui est* !

Cesse de douter de toi

Lorsque tu commences à t'éveiller
et débutes une démarche intérieure sincère,
authentique et complète,
nul doute que de nombreuses personnes
ne te reconnaîtront plus et que tu les dérangeras.

Certaines d'entre elles partiront,
d'autres tenteront de t'inciter à quitter ton chemin,
d'autres te critiqueront,
d'autres encore pollueront toutes tes initiatives
pour que tu sois obligé·e de les abandonner.

Peu importe. Cela fait aussi, souvent, partie du chemin.
Tu es testé·e à chaque instant.
Finis-en une bonne fois pour toutes avec tous ces doutes.

Vas-y, lève la tête, redresse ton dos,
regarde devant toi,
traverse la forêt vierge avec les animaux sauvages,
brave les tempêtes, les sables mouvants, le désert,
le froid glacial, les mirages et la faim au ventre,
guéris tes plaies et tes maladies, mais continue !

Tu as sûrement été à de multiples reprises renié·e et trahi·e.
Tu as été roulé·e dans la boue et humilié·e.
On a ri et on s'est moqué de toi.
On a voulu détruire ton couple et tes activités
et peut-être qu'on le fait encore.
Même après ta mort,
tu continueras de là-haut.

Continue d'avancer et cesse de douter.
Un jour, ils·elles s'apercevront tou·te·s de ta sincérité et
de ton authenticité.

« Tu mérites toujours le meilleur
pour toi et dans tes relations.
Peu importe les cicatrices
que tu portes,
peu importe les nombreuses
souffrances que tu as traversées
et que tu traverses encore,
tu mérites toujours le meilleur. »

Page Facebook *Femme Sacrée Divina*.

La vie est un grand labyrinthe

Nous empruntons plein de chemins,
quelquefois plusieurs en même temps et, parfois,
nous ne trouvons plus la porte de sortie.

Peut-être qu'au fond, si on acceptait de ne pas trouver de sortie,
si on se détendait et s'ouvrait à ce que nos chemins nous proposent,
si on profitait de ce qu'ils ont à nous donner,
si on les regardait différemment, si on commençait peut-être
par voir qu'ils ne sont pas si désagréables que cela,
nous pourrions voir que la porte de sortie est à l'intérieur
de ces chemins.

Autrement dit, qu'il n'y a pas à en sortir,
mais à les vivre et à les emprunter d'une autre façon,
avec un autre regard, une autre sensibilité.

Cependant, il y a aussi des chemins qui ne
nous correspondent plus,
et, pour certain·e·s, il peut être difficile de prendre
la décision de s'en écarter.
Difficile parce que partir engendre toujours des peurs,
des interrogations et des doutes.

Mais, à un moment donné, il faudra faire le grand saut
et accepter de partir sans filet de sécurité.

Le hasard n'existant pas,
si nous sommes actuellement sur ces chemins,
c'est parce que c'est exactement ceux que nous devons fouler
pour nous libérer de nos propres chaînes.

Ne pas s'abandonner

Soit on nourrit et cultive son malheur,
soit on est déterminé·e à être heureux·se
et on pose des actions dans ce sens.
La quantité de travail est la même.
La première attitude affaiblit le corps,
sabote la confiance en soi,
la seconde guérit l'âme et illumine l'esprit.
Tu as toujours le choix.

Un jour, tu pourras voir se réaliser sous tes yeux
ce que ton cœur attend.
Peut-être pas exactement comme
tu t'y attendais,
peut-être avec un visage auquel tu n'aurais jamais pensé,
mais un jour, tu te remercieras
de ne jamais avoir abandonné.

Quand on adopte la saine habitude
de ne pas prendre les choses personnellement,
on garde toute son énergie pour se construire,
se réparer, s'aimer et traiter les autres
comme on se traite.

Vivre le moment présent

Rappelle-toi ceci,
et progressivement retire de ta vie tout ce qui fait entrave
à ton bonheur,
que ce soit les mauvaises relations,
les mauvaises orientations,
les mauvaises pensées que tu entretiens
sur toi ou sur les autres.

En réalité, il n'y a jamais de mauvais choix,
de mauvaises personnes ou de mauvaises orientations.
Il n'y a que des situations qui nous emmènent
exactement là où l'on doit aller pour savoir où l'on en est.

Rappelle-toi également que le monde que tu vois
est le monde que tu vis à l'intérieur de toi.

Sers-toi de tes relations aux autres pour t'observer
et te donner le droit de t'accueillir tel·le que tu es,
sans jugement ni culpabilité.

Aujourd'hui, il t'est proposé de vivre plus intensément
ton moment présent plutôt que de fixer ton attention
sur ce qui est déjà passé ou ce qui n'est pas encore arrivé.
Seule l'attention posée sur ton moment présent
peut te donner la possibilité de nourrir tes cellules
de nouvelles énergies plus lumineuses en laissant mourir
celles qui ne sont plus appropriées à celui ou celle
que tu es en train de devenir,
c'est-à-dire le « vrai » toi.

Tu as tout ce qu'il faut en toi pour aller vers ta délivrance.
Tu peux te faire aider, et c'est quelquefois salutaire,
mais, en définitive, c'est toujours toi et toi seul·e
qui possèdes les clés de ta propre libération.

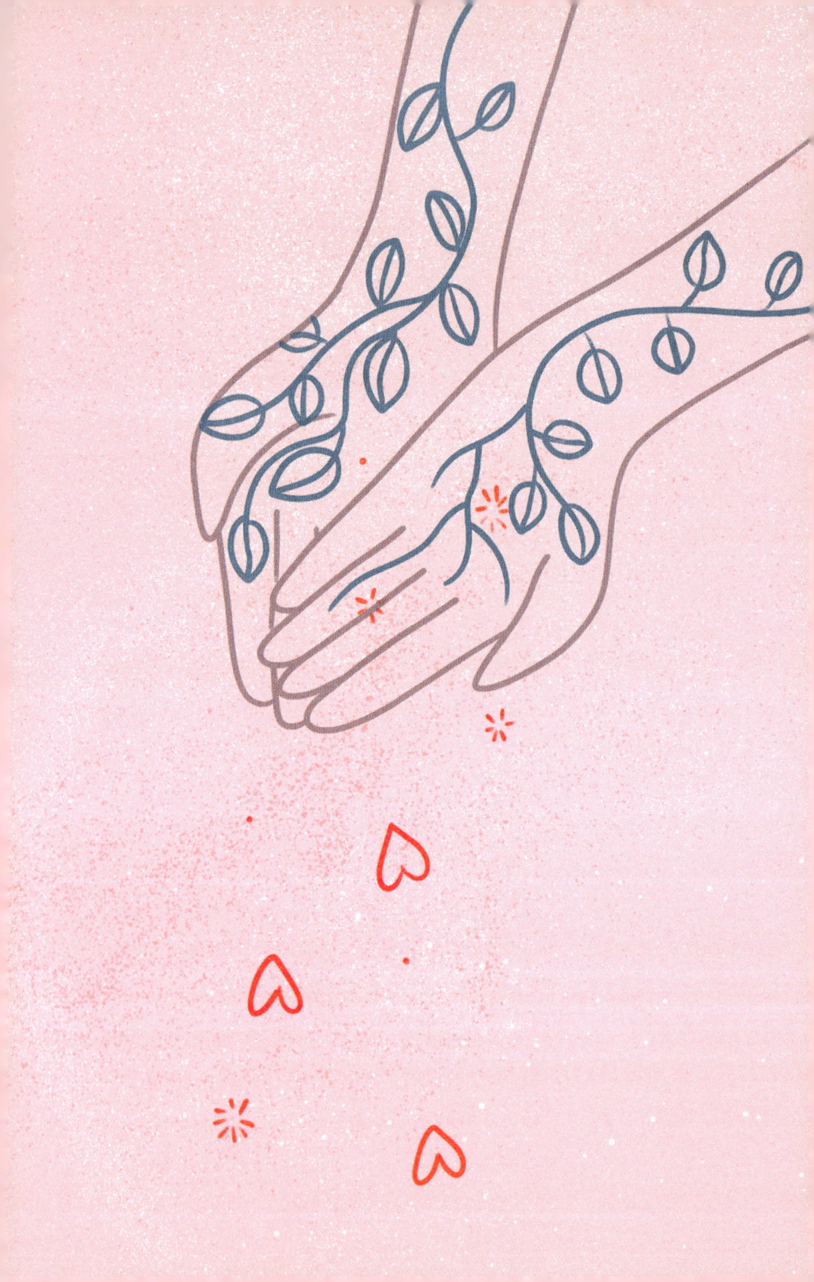

Don d'amour

Un grand nombre de personnes croient donner sans attentes.
Pourtant, lorsqu'on y regarde de plus près,
ces mêmes personnes se sentent indignées
lorsqu'elles découvrent que
celui ou celle à qui elles ont donné
ne se comporte pas envers elles
comme elles l'auraient souhaité.

Lorsqu'on donne, on doit le faire sans arrière-pensées,
et on peut vérifier qu'il en est ainsi
quand l'autre commet une action contre nous,
et qu'on ne fait pas le lien avec ce qu'on a fait pour lui·elle
ou ce qu'on lui a donné en se disant :
« Avec tout ce que j'ai fait pour lui·elle,
il·elle ne devait pas agir ainsi. »

Donner puis passer à autre chose est un don d'amour pur.

Qui crée ton bonheur ?

Quelqu'un aura toujours quelque chose
de négatif à dire sur toi.
Fais la paix avec ça.
Essaie de ne pas le prendre à titre personnel.
Les gens jugent et critiquent la vie des autres
quand ils ne sont pas heureux de la leur.
Suis ton intuition, elle ne te mentira jamais.
Fais ce que qui rend ton cœur heureux,
que ça plaise ou pas.
Apprends à assumer les conséquences
de tes choix et sois-en responsable.
Une personne qui se sent appréciée,
validée et reconnue donnera toujours
le meilleur d'elle-même.
C'est pour cela qu'il est fondamental
de toujours être en accord avec qui l'on est vraiment.

J'ai souvent tenté par le passé
de me fondre dans la masse, de ressembler aux autres,
parce que je n'avais pas suffisamment confiance en moi,
jusqu'à ce que je m'aperçoive que c'était vain.
Je n'étais pas « les autres »,
je suis avant tout moi.
Et ce moi que je suis
a enfin compris qu'il se suffisait.
Là où tu mets ton attention,
tu mets du pouvoir.
Sache que tu n'as pas besoin
de l'approbation de tout le monde
pour être heureux·se.

Change tes croyances

On n'a pas ce que l'on veut,
on a ce que l'on croit mériter.

Si on t'a comparé·e à ton frère ou à ta sœur, en moins bien,
si on a été déçu que tu ne sois pas un garçon, ou une fille,
si tu n'as pas été désiré·e à ta naissance,
si tu es arrivé·e par accident au mauvais moment,
si tes parents t'ont dit qu'ils ont été obligés de se marier
« à cause » de ta naissance,
si on t'a sans cesse répété que tu avais mauvais caractère,
si on t'a affirmé que tu n'arriverais jamais à rien de bon dans ta vie,
si on t'a dit que l'argent rend les gens mauvais,
si on t'a poussé·e à faire un métier que tu n'aimais pas,
si on t'a dit qu'on te frappait « pour ton bien »,
si on t'a dit que la vie n'était que souffrance et désolation,
tu vas inconsciemment vivre ta vie
à travers ces informations.

À toi de voir ce que tu as besoin de conserver,
et d'entreprendre de jeter tout ce à quoi
tu ne veux plus croire.

Je marche vers qui je suis

Cela ne m'intéresse plus
de m'arrêter et de douter.

Je l'ai assez fait, assez longtemps,
pour eux, pour rien,
contre moi, pour finir par m'oublier
et m'anéantir…
Pour finir par presque en mourir.

J'ai trop longtemps cru qu'ils allaient me donner
ce que je croyais mériter de leur part.

Je me suis trompé·e et je l'ai enfin reconnu.
Cela m'a sauvé·e et j'ai arrêté de les manipuler
pour avoir ce qu'ils ne pourront
jamais me donner.

Ils sont encore enfermés dans
leur prison intérieure.
Non pas qu'ils soient mauvais ou méchants,
mais parce qu'ils sont beaucoup trop souffrants
pour avoir la force d'écarter
leurs propres barreaux.

Je cours vers la région de mon centre
et j'y puise constamment toute l'énergie
dont j'ai besoin.

Il me faut beaucoup d'énergie pour
aller vers mes rêves.

Au lieu de la gaspiller à me critiquer,
à me saboter,
à douter encore et encore et remettre à demain,
à toujours tout analyser et décortiquer,
je vais maintenant vers mon salut.

Peu importe les sacrifices à faire,
peu importe les douleurs encore à endurer,
les braises sur lesquelles
je devrai encore marcher,
les coups que je devrai peut-être encore prendre.
Car je sais que ce sera pour la dernière fois.

Au bout de mon tunnel,
il y a l'amour que je cherche tant.
Il y est et il m'attend.

Patience

Lorsque ta transformation s'opère,
elle peut te mettre à terre
et t'empêcher de respirer.

Tu le veux,
tu le souhaites,
alors elle agit selon ton ordre.

Garde patience,
accueille l'insupportable si tu ne peux
le changer et lâche prise.

L'amour a besoin de sortir ses épées de feu
pour brûler tout ce dont tu n'as plus besoin.

Laisse-le traverser ton cœur
afin de laisser la pureté de ton âme
remplir ton être et te libérer.

La vie t'aime tant.

Maintenant

Vivre juste l'instant,
c'est aussi vivre demain, vivre l'avenir.
Le « maintenant » contient le Tout
dont on a besoin.
Inutile de se soucier de quoi que ce soit,
tout ce dont on a besoin est juste là.

Demain n'existe pas.
Ce qui existe, c'est ici et maintenant.
Tout le nectar de la source de vie
coule dans cette magie de l'instant.

Tout ce que tu cherches, tu l'es.

Cesser de se juger
et de culpabiliser

Tu ne dois jamais te sentir coupable de faire des choses
qui te rendent heureux·se
et habité·e.
Peu importe ce que tu fais,
as ou es,
tu as le droit.

On a tous les droits,
à condition d'assumer
la totale responsabilité
de nos actions.

Peu importe que les autres nous critiquent ou nous jugent,
tout cela ne doit pas nous empêcher de vivre notre vie,
telle que nous l'avons choisie.
Du moment qu'elle fait
grandir notre âme,
c'est forcément bon pour nous.

Celui qui te juge ne fait
que se juger lui-même.
Il voit à travers toi les actions pour lesquelles il s'est
lui-même jugé
maintenant ou par le passé,
et qu'il ne s'est pas pardonnées.

Ne l'ayant pas fait
pour lui-même,
comment pourrait-il
te l'autoriser ?

Peu importe que les gens t'approuvent ou pas,
même si ce sont des gens
que tu aimes,
voire même de
ta propre famille.

Peu importe que tu sois efficace,
que tu ailles vite ou lentement.
Si quelque chose apaise
ton âme
et rend ta vie plus gérable
et significative,
cela « vaut la joie » et non
la peine d'être poursuivi.

Tu n'as pas besoin
de l'autorisation
ou de l'approbation de
qui que ce soit
pour faire ce qui
te rend vivant·e.

Les autres sont le reflet de notre jugement

S'il t'arrive de te plaindre de la façon dont quelqu'un te traite,
peux-tu te demander si quelquefois tu n'as pas traité cette personne
ou tu ne t'es pas traité·e de la même façon ?

Peux-tu ensuite te demander de quoi tu avais peur
lorsque tu agissais ainsi
et ce qui te donnait le droit d'avoir cette peur ?

Enfin, peux-tu reconnaître le même droit à l'autre
quand il a agi de manière similaire
parce que, lui aussi avait peur de quelque chose ?

Si on se traite d'une certaine manière,
les autres nous traiteront pareillement
et on les traitera ensuite de la même façon.

Lorsque tout cela est compris, accepté et intégré,
quoi qu'il se passe, il n'y a plus de problème.
Grâce à la loi de l'attraction et à l'amour inconditionnel.

La foi

Tu dois posséder beaucoup de force,
de courage, et de détermination
ainsi que de confiance
pour avancer vers tes buts,
surtout dans ces moments de grands troubles.
Et tu le constates, tu n'as en réalité pas ou très peu de pouvoir.

Mais tu as quelque chose en or,
quelque chose que rien ne peut empêcher,
que rien ne peut enlever,
que rien ne peut arrêter
et cette chose, c'est la foi.

La foi est la plus grande qualité de l'âme,
qui amène à rester centré·e et lumineux·se lorsque tout va mal.
La foi permet de franchir toutes les montagnes,
de traverser tous les ouragans, les tsunamis,
les tremblements de terre,
car elle te porte et te permet de conserver un espoir intact
et inébranlable : le meilleur surgira tôt ou tard de tout cela.

L'effet miroir

Tous ceux qui te dérangent
sont là pour t'apprendre
la patience et la tolérance vis-à-vis de toi-même.

Tous ceux qui te laissent ou
t'abandonnent sont là
pour t'apprendre à jouir de ta propre présence.

Tous ceux qui déclenchent la colère
en toi sont là pour t'enseigner le pardon
et la compassion en ton cœur.

Tous ceux qui ont du pouvoir sur toi
sont là pour t'apprendre comment récupérer
ton propre pouvoir.

Tous ceux que tu détestes sont là pour
que tu apprennes
à t'aimer inconditionnellement.

Tout ce que tu crains existe pour que tu
trouves le courage de surmonter tes peurs.

Tout ce que tu contrôles est là pour
t'apprendre à te détendre,
à lâcher prise et à profiter de l'instant présent.

À tous ceux qui...

À tous ceux qui m'ont soutenu·e,
porté·e et accompagné·e.

À tous ceux qui m'ont encouragé·e
lorsque j'étais au plus bas.

À tous ceux qui m'ont montré la voie.

À tous ceux qui m'ont fait confiance
parce qu'ils croyaient en moi.

À tous ceux qui m'ont ouvert leur porte
lorsque j'étais seul·e et abandonné·e.

À tous ceux qui m'ont aidé·e matériellement
lorsque mon frigo était vide.

À tous ceux qui m'ont montré la voie
de l'amour inconditionnel.

À tous ceux qui m'ont guidé·e et protégé·e.

À tous ceux qui m'ont écouté·e, vraiment,
avec leur cœur et ont été touchés par mon histoire.

À tous ceux qui m'ont donné le droit d'être qui je suis vraiment.

À ma famille qui m'a obligé·e à me remettre en question,
à réviser mes croyances
et à aller vers le pardon de moi-même.

À mes ami·e·s, mes relations.
À tous mes professeurs, mes instructeurs, mes enseignants.

À la Terre et toutes ses bénédictions,
tous ses cadeaux, ses eaux, ses montagnes,
ses forêts, ses animaux, ses fruits.
Au Soleil et à la Lune.
À mes guides, mes anges et mon maître intérieur.

Marchons ensemble main dans la main
vers le nouveau monde de paix
que nous espérons tant voir se réaliser sous nos yeux.

Sois toi,
tout simplement

Tu n'as pas besoin d'être parfait·e pour mériter d'être aimé·e.

Souvent, tu te demandes qui pourrait bien se tourner vers toi
puisque tu n'as rien de spécial à offrir.

Souvent, tu rejettes ta propre image, te trouvant
pas assez lumineux·se, pas assez positif·ive...
Souvent, tu ne te trouves pas assez instruit·e,
intelligent·e ou encore digne d'intérêt...

Tu as pour habitude de te comparer
aux autres et de te dévaloriser.

Tu es incapable de te faire des compliments, et donc d'en recevoir,
pensant qu'on veut juste te flatter pour t'utiliser.

Sache juste une chose :

Personne n'est aussi heureux que tu peux le supposer
ou qu'il veut bien te le faire croire.
Tu as toujours quelque chose de merveilleux qu'un·e autre n'a pas.
Ta façon à toi de fonctionner fait que tu es unique et spécial·e.
Tu n'es pas venu·e sur Terre pour te rétrécir et te dévaloriser,
encore moins pour ne pas prendre ta place.

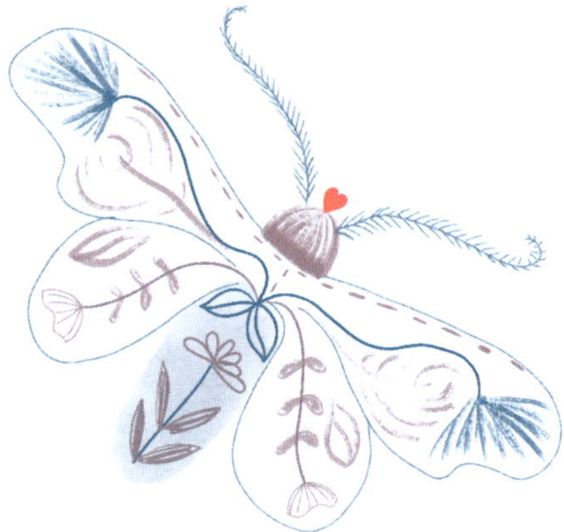

Tu auras toujours quelqu'un qui pensera à toi et qui souhaitera être
à tes côtés,
c'est juste que tu ne le vois pas.
Ce que tu as vécu de dur, d'horrible, dans ton passé,
ne veut pas dire que tu es une mauvaise personne.

Cesse de penser que tu es « trop » ou « pas assez », et *sois toi* !
Tu as le droit de montrer tes faiblesses, de parler de tes peurs et de
ta vulnérabilité.
Tu as aussi le droit de parler de tes succès et de tes forces
sans pour autant penser que tu es orgueilleux·se ou prétentieux·se,
sans craindre que quelqu'un soit jaloux de toi et tente de te détruire.
Tu ne pourras de toute façon jamais empêcher qui que ce soit
de faire ce qu'il a envie de faire ou de dire.

Tu n'as pas à être parfait·e, tu as juste à oser *être toi*
tel·le que tu es véritablement, avec tes fêlures, tes blessures et ton
passé.
Tu as le droit à *ta place* et je t'invite à commencer à la prendre
maintenant.

Laisse-toi porter par l'amour

Quand tu n'arrives plus à contrôler ta vie,
c'est alors qu'elle prend tout son sens.

Quand tu te sens perdu·e et démuni·e,
c'est une chance d'aller enfin vers
qui tu es vraiment
en cessant d'essayer d'être quelqu'un
que tu n'es pas.

Le contrôle est nourri par la peur, l'abandon.
La confiance et le lâcher-prise sont nourris
par l'amour.

Commence à mettre des couleurs dans ta vie,
à peindre le paysage de tes espoirs,
à poser les morceaux de puzzle qui manquent
à ton histoire d'amour personnelle.

Laisse-toi porter par l'amour, la foi et la joie,
ils t'amèneront vers ce que tu as toujours désiré.

Que dit mon corps ?

Ton corps physique te montre exactement où tu en es
et ce que tu as à laisser partir.
Les douleurs de ton corps sont le signe indéniable
qu'il ne veut plus être maltraité, ignoré par toi.
Il va tenter de se purger avec une force incroyable,
que tu sois d'accord ou pas,
que tu en sois conscient·e ou non.

Partout où il y a un manque d'amour en toi,
ton corps va te le montrer
en t'envoyant des signes particuliers
et en espérant que tu pourras les décoder
à défaut de les comprendre immédiatement.

Il va commencer à rejeter des aliments jadis acceptés.
Il va tenter de réagir à tes anciens vêtements
en ne supportant plus leur texture ou leur forme.
Il va tenter de nettoyer tes organes par des nausées,
des problèmes digestifs, des douleurs articulaires chroniques,
des problèmes de peau récurrents.
Il va faire tout ce qui est en son pouvoir pour attirer ton attention
afin que tu écoutes vraiment ce dont il a maintenant besoin.

Tes émotions ont précédé tes symptômes physiques depuis bien longtemps,
mais si elles n'ont pas été entendues,
elles passent le relais à ton corps, qui lui-même attire ton attention
par les « mal a dit » et cela dans les couches
de plus en plus profondes de ton être, de tes cellules.

Sers-toi de ton meilleur ami, ton corps,
pour te soigner et demande-lui ce qui lui ferait du bien.
S'il a mal, tente des changements, expérimente,
à défaut, fais-toi aider, mais personne ne pourra mieux que toi
ressentir la détresse et le chagrin de ton corps, et y remédier.

Ce dont ton corps a le plus souvent besoin,
c'est de ta compassion, de ton écoute,
de ta bienveillance à son égard et, surtout, de ton amour.

L'univers prend toujours soin de toi

À condition que tu le laisses faire
et que tu lui fasses totalement confiance,
l'univers prend toujours soin de toi.

Tu as le choix de tes actions,
car l'univers, comme la vie, est généreux
et te laisse agir selon ton désir,
sans intervenir, si tel est ton souhait.

Quand tu es sans force et que
tu n'arrives plus à avancer,
il te reste toujours l'ultime solution :
demande à l'univers de t'aider,
demande-lui de prendre le relai.

Juste être et accepter l'inacceptable,
dans l'amour.

L'univers se chargera de te le rappeler
à chaque fois que tu l'oublieras.

L'univers prend toujours soin de toi.

**Je vibre à l'unisson
avec toute source
de lumière.**

Aimer les autres sans les bousculer

Certaines personnes ont un énorme besoin d'amour.

Quelle attitude adopter pour aller toucher réellement leur cœur fermé ?
Une seule :

Aime-les là où elles en sont, de façon à ne pas les bousculer.

Aime-les en les accueillant telles qu'elles sont
et en ne pointant pas sans arrêt leurs faiblesses.

Aime-les en dirigeant ton regard vers leurs forces et leurs atouts.

Aime-les sans attendre aucun retour de leur part.

Aime-les sans te préoccuper du temps
ni de l'espace qui tourne autour de votre amour.

Aime-les même si leur intérêt se porte
sur quelqu'un d'autre que toi.

Aime-les en sachant que si la mort vous sépare dans cette vie,
vos âmes sont liées à jamais.

Aime-les en n'ayant aucune garantie
qu'elles viendront ou reviendront un jour vers toi,
car votre amour te reviendra toujours
et finira par faire éclater le cœur de celui que tu espères.

Un pareil amour porte en lui une telle puissance
qu'aucune âme ne peut lui résister.

Contrôler

Se sentir impuissant est l'ultime chance
qui nous est présentée
pour enfin nous permettre de lâcher prise,
de laisser couler, de laisser faire et
de faire confiance.

On veut toujours tout contrôler,
et c'est ainsi qu'on empêche la vie de s'exprimer
pour ce qu'elle est,
et non pour ce que notre mental
voudrait qu'elle soit.

Se sentir impuissant·e et l'accueillir
met l'accent sur tout notre pouvoir d'aimer.

Émotions et corps

Les émotions polluantes non exprimées
entraînent la colère et la rancune,
souillent le sang et l'acidifient.
Ce n'est donc pas étonnant
que tout cela commence à attaquer
nos articulations dans un premier temps.
Savoir écouter les messages du corps
permet d'entendre ce que le mental
n'a pas pu percevoir.
Heureusement pour nous, notre corps, notre meilleur ami,
prend le relais afin de nous aider à entendre
le mal qui n'a pas été dit (maladie).
Nous avons donc tout ce qu'il nous faut.
Mais savons-nous vraiment écouter
ou bien passons-nous notre temps
à étouffer tous ces symptômes ?
Pour pouvoir être à l'écoute de
ce corps qui nous parle,
il faut ralentir notre cadence,
savoir se poser et, surtout,
apprécier davantage l'instant présent.

S'émerveiller devant la vie

Lorsque tu étais enfant, tu vivais souvent des états
d'émerveillement
devant les choses simples de la vie :
le jouet du père Noël, ton gâteau d'anniversaire avec ses bougies,
le chat ou le chien venu agrandir la famille,
la naissance d'un petit frère ou d'une petite sœur,
ta trousse et ton cartable tout neufs le jour de la rentrée,
tes premières sorties avec les copain·ine·s,
ton premier amour, etc.
Cependant, les expériences de la vie ont fait disparaître cette
capacité à t'émerveiller.
Tu es comme un·e adulte blasé·e, courbant l'échine sous le poids
de ses responsabilités.
Et tu souffres de la nostalgie de ne plus être comblé·e
par des choses simples.
Pour retrouver cette fraîcheur de l'enfant en toi,
tu dois apprendre à rester attentif·ive et ouvert·e
en observant tout ce qui t'entoure et, surtout,
en laissant de côté tes anciennes perceptions.
L'émerveillement n'existe que dans l'instant présent.
Tâche de voir le beau et le bon dans tout ce qui existe.
Laisse ton regard scintiller d'émerveillement,
comme lorsque tu étais enfant,
devant la vie qui t'habite et face à tout ce qui t'entoure.

Appliquer les 4 accords

Il y a un énorme potentiel d'énergie
et beaucoup de liberté en toi
lorsque tu ne prends plus rien de ce qu'on te dit
pour une affaire personnelle.

Tes problèmes de santé diminuent
et certaines de tes parties malades guérissent
lorsque tu cesses de faire des suppositions.

Tes sentiments de culpabilité disparaissent
lorsque tu fais du mieux que tu le peux.

Tes relations deviennent nombreuses et saines
lorsque ta parole est claire, nette, impeccable.

Prendre soin d'être soi

Je prends soin de mon enfant intérieur.

Lorsque je me sens triste ou désespéré·e,
humilié·e ou abandonné·e, rejeté·e
ou contrôlé·e, non respecté·e ou critiqué·e,
je sais que ce n'est pas de moi, l'adulte, qu'il s'agit,
mais de mon enfant intérieur.

Alors, je lui donne le droit de se sentir ainsi
et je le sers très fort dans mes bras.

Je lui demande ce dont il a besoin dans cette situation
et, si possible, je tente de répondre à ce besoin.

Tu ne peux pas être fort·e tout le temps.
Parfois, tu as juste besoin d'être seul·e
et de laisser sortir les larmes.
Pleurer est libérateur,
cela permet d'évacuer le stress
et de se reconnecter à soi.

Être positif·ive ne consiste pas à espérer
que tout ce que l'on désire arrive, mais à accepter
que ce qui se passe actuellement dans notre vie
est la meilleure chose qui puisse nous arriver pour le moment.

Travaille sur toi

Continue à travailler sur toi, même si tu as l'impression
que cela ne t'apporte pas encore les fruits désirés.

Le nettoyage que tu es en train d'effectuer
remonte à de nombreuses années, voire à des vies passées.

Tu dois te donner le droit d'avoir besoin de temps,
encore et encore et, surtout, plus que tout,
garde patience, conserve la foi :
tout ce que tu souhaites se réalisera tôt ou tard sous tes yeux.

Adapte-toi aux circonstances, accepte de changer ton fusil d'épaule,
même si cela n'est pas ce que tu préfères.

N'oublie pas que chaque douleur, chaque souffrance
est là pour t'apprendre à t'aimer et à te pardonner
dans tout ce que tu as été et es toujours.

Tu es totalement à ta place dans ce qui t'arrive,
rien n'est le fruit du hasard,
tout est là pour t'aider
à te libérer de tes chaînes passées.

Écoute les signes que l'univers t'envoie
à travers les messages de ton corps et tes émotions.

D'anciennes situations vont se répéter,
que tu croyais déjà avoir réglées.
Oui, souvent on les règle mentalement,
mais elles ne sont pas totalement intégrées au niveau du cœur.
Il faut vraiment du temps pour aimer sans conditions.

N'oublie pas que tu es ton propre maître
et qu'aucune personne, ici ou ailleurs, à part toi,
ne connaît les vrais besoins de ton âme.

Fais confiance comme si tout était déjà là, car,
d'une certaine façon, c'est le cas.
C'est juste le voile de tes peurs qui masque tout cet amour,
mais il est là, sois-en sûr·e.

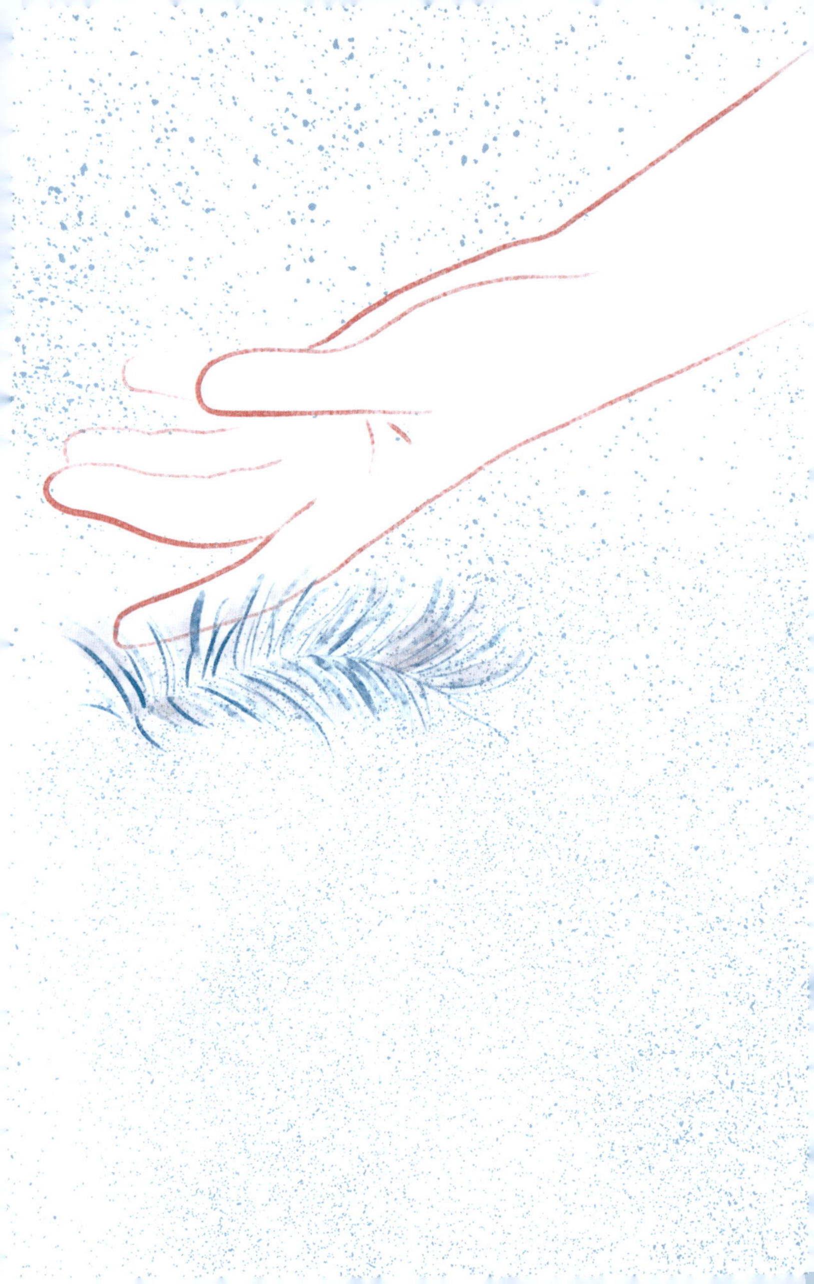

La douceur

Je m'emploie à laisser la douceur
s'emparer de mon corps,
de mes pensées et de mon esprit.

Je laisse de côté
tout ce qui pourrait me mettre
dans un état de peur, de violence,
de doute et d'agitation.

Je ne m'attache pas à tout
ce qui ne m'appartient pas.

Je ralentis le rythme et remets à plus tard
ce que je ne suis pas en mesure de faire posément,
en sachant que tout sera fait
de toute façon au moment opportun.

Je sais que seul ce jour est béni et compte vraiment.

Je prends le temps de savourer tout
ce que je vis en m'ouvrant à la contemplation d'être ici et
maintenant.

Qui tient vraiment à toi ?

Tout le monde peut t'aimer
pendant que le Soleil brille.
C'est dans les tempêtes
et les souffrances que tu traverses,
lorsque tu montres ton plus triste visage
et ta vulnérabilité,
lorsque tu n'as plus rien à donner,
mais que tu as besoin de quelqu'un,
lorsque ta lumière est éteinte
et que tu as besoin d'être aidé·e et écouté·e
que tu apprends qui tient vraiment à toi.

Si tu veux que les gens cessent de t'agresser
ou de te manipuler,
si tu veux qu'ils cessent de t'ignorer
ou de te trahir,
de te juger et de te culpabiliser,
prends conscience que c'est aussi
ainsi que tu agis avec toi-même.

Je dis stop !

Je dis stop aux frasques de mon ego,
qui en fait trop, trop et encore trop !

Je dis stop aux croyances de ma mère ou de mon père
qui disaient que je ne pourrai arriver à rien de bon,
que je ne le méritais pas ou que je n'avais pas les capacités
et qu'ils devaient choisir ou décider pour moi
ou, pire, qu'ils se moquaient bien de ce que j'avais envie d'être,
d'avoir ou de faire.

Je dis stop à tous les moralisateurs qui me disent quoi faire,
alors qu'ils se comportent à l'opposé de ce qu'ils prêchent.

Je dis stop à tous ceux qui me font douter de moi
en me mettant constamment en garde et en essayant
de me décourager
afin que je n'ose pas réussir là où ils ont échoué.

Je dis stop à toutes mes peurs qui m'empêchent
de passer à l'action et, pire, qui sabotent ma confiance en moi.

Je dis stop à cette vie artificielle que je me suis construite
comme une armure ou un donjon
pour éviter de faire face à ce que je suis profondément.

Je décide maintenant, tout de suite, d'accueillir avec bienveillance
toutes ces parties détruites en moi et de commencer
à les désinfecter, à les panser, à les recoudre, une à une, cellule après
cellule.

Je prends mon temps. Peut-être que plusieurs vies
n'y suffiront pas, mais je m'en moque.
Le temps ne sera pas une excuse, j'ai la certitude que j'y arriverai.

Je sais que j'atteindrai un jour tout ce que je souhaite,
lorsque tout sera prêt en moi,
et cela me porte et me fait avancer avec force, joie et gratitude.

Occupe-toi de ceux qui t'aiment

Lorsqu'on ne t'apprécie pas,
ne te valide pas ou encore lorsqu'on te ment, te trahit,
te rejette ou t'humilie, tout va bien.
Cela prouve que tu es dans ton humanité.

Tu ne peux absolument pas être aimé·e
de tout le monde à chaque instant.
Accepte-le une bonne fois pour toutes,
fais la paix avec ça et continue
à aller vers le chemin de ta réalisation
dans la légèreté et la joie d'être.

Occupe-toi de ceux qui t'aiment vraiment,
qui ne se sauvent pas dès que tu as des soucis,
qui ne te quittent pas dès que tu ne penses pas comme eux
et qui répondent toujours présents dès que tu es dans le besoin.

Grandis et nourris ton amour et ta relation avec eux,
vis tout le reste avec du recul et un détachement certain.

Tomber pour te relever

Il est souvent difficile de comprendre
le sens de la vie
et de commencer à l'apprécier
lorsqu'elle nous a quelquefois assommés.

Il est aussi souvent difficile
de vraiment apprécier l'amour
lorsqu'il nous a plusieurs fois brisé le cœur.

Il est tout aussi difficile de goûter à la joie
lorsque nous avons souvent été
envahis par la tristesse.

Il faut traverser toutes ces expériences
et finir par arriver au sommet de la montagne
si l'on veut jouir d'une vue imprenable,
lumineuse, emplie de joie, de beauté et d'amour.

Dis-toi oui

Dans certaines situations particulières,
même face à des personnes que tu aimes vraiment,
tu pourrais être amené·e à décevoir en disant « non »
pour tenter de rester fidèle à toi-même.

Tu ne dis pas non aux autres parce que tu ne les aimes pas,
mais parce que cela te permet de te dire oui à toi, tout simplement.

C'est nouveau ?
Peut-être, mais les autres finiront par s'habituer
à la personne que tu deviens,
c'est-à-dire la vraie personne que tu es.

Quelqu'un qui ne se dit jamais oui à lui-même
est quelqu'un qui ne donnera pas non plus envie
qu'on lui dise oui lorsqu'il en émet le souhait.

Dire oui te fait te sentir fort·e,
incarné·e, intègre, et augmente considérablement
la confiance et l'estime de toi.

Les étapes de l'amour de soi

L'amour de soi se construit par étapes.
On demande de l'aide parce qu'on sent que rien ne va plus.
On travaille, on essaie de comprendre,
on tente de faire des liens avec notre passé,
on se pose et on pose des questions.
On accueille ce qui sort de nous, on respire nos émotions,
quelles qu'elles soient, et on se donne le droit
d'être tout ce que l'on ne veut pas être.
On retisse le lien avec notre enfant intérieur
blessé et isolé depuis toujours.
On commence petit à petit à comprendre nos éducateur·trice·s
et on peut alors toucher leurs limites, sentir aussi
leurs propres peurs et parfois leur désarroi.
On est comme un miroir pour les personnes de notre entourage
qui viennent toucher et font remonter des émotions en nous.
Et on commence à apercevoir
une merveilleuse lumière divine illuminer notre cœur,
on se sent alors touché·e par la grâce.

Puis, tout semble de nouveau s'effacer
et nos anciens drames ont l'air de reprendre le pouvoir sur notre vie.
Nos tentatives d'accueil, nos recherches profondes,
les liens que l'on peut faire, l'aide que l'on peut demander ne
fonctionnent plus.
À ce moment-là, on se sent désespéré·e.
Ce sont juste les fruits de notre travail qui sont en train
de s'intégrer et de s'incarner en nous.
Pour cela, il nous faut sortir de notre apprentissage
et embrasser notre chaos.
On peut avoir besoin d'un certain temps.

Puis, un beau matin, la lumière revient.
La lumière et la joie réapparaissent.
Nous ne sommes plus tout à fait comme avant,
mais différent·e·s, plus ouvert·e·s, plus conscient·e·s, plus présent·e·s.
Le travail préalablement fait vient juste d'être intégré.
L'ascension se fait par étapes.
Lorsqu'une étape est franchie, on doit juste se préparer
pour la suivante.
L'amour n'a pas de fin. On n'aime jamais trop.

Réconcilie-toi avec toi-même

Si ton cœur est brisé,
si tes relations avec ceux que tu aimes sont difficiles,
si ta santé est défectueuse ou tes finances insuffisantes,
si ton moral est bas et que tu as beaucoup de mal
à retrouver de l'énergie,
sache que tout cela est parfaitement normal
en ces grands temps de nettoyage.

Accueille l'enfant blessé en toi, qui a besoin
de manifester sa détresse à travers toutes ces situations.
Prends dans tes bras tes peurs qui souhaitent juste être bercées
par la douceur et la bienveillance de ton amour.

Plus tu t'accueilleras dans tes souffrances,
plus tu seras surpris·e, tôt ou tard, de constater que
petit à petit elles disparaîtront, laissant place à du calme,
à une paix intérieure et à la joie d'être.

Garde le calme, sois patient·e, il faut quelquefois du temps,
surtout si tes blessures et ton chagrin sont là depuis longtemps
et t'ont beaucoup fait souffrir.

Tu es sur la voie de la réconciliation,
et l'amour qui te veut entièrement
ne tolérera plus de faux-semblants
quant à ta guérison qu'il veut maintenant complète.

La vie est étrange

Il faut de la tristesse pour connaître la joie.
Il faut la dureté pour connaître la douceur.
Il faut du bruit pour apprécier le silence.
Il faut des maladies pour apprécier la santé.
Il faut la mort pour sentir la vie.
Il faut perdre ceux qu'on aime pour sentir
à quel point ils étaient importants.

Il faut de la laideur pour apprécier la beauté.
Il faut de l'absence pour valoriser la présence.
Il faut du chaos pour contacter la paix.

Apprends jour après jour à apprécier ce que tu as déjà,
car à force de considérer cela comme un dû
et de ne plus y faire attention,
tu risquerais un beau matin de les voir partir.

L'amour, c'est maintenant.

Le cœur ouvert

En ce jour béni,
laisse ton cœur s'ouvrir
et prendre tout cet amour disponible
qui t'est actuellement envoyé
par les plus hautes sphères.

Tes mémoires égotiques destructrices
s'effondrent comme un château de cartes.
Laisse ton vide intérieur se remplir,
sans peur et sans inquiétude,
de tout cet amour.

Tout va bien,
la lumière fait son travail.
Laisse-toi porter
et nourrir en profondeur.

Ne force personne à t'aimer

Ne perds plus ton temps à attendre l'amour d'une personne
qui ne veut pas vraiment s'engager avec toi.

Tu ne peux pas forcer quelqu'un à prendre soin de toi,
tu ne peux forcer personne à être fidèle
et à respecter ses engagements.

Tu ne peux pas forcer quelqu'un à être exactement
celui ou celle que tu voudrais qu'il·elle soit.

Certaines personnes sont destinées à entrer dans ta vie,
mais pas à y rester.

Ne persiste pas dans une relation où tu es constamment
en train d'attendre, d'espérer, de guetter des preuves, de vouloir un
changement.
Où tu te sens incompris·e, où tu sens que quelque chose cloche,
que cette personne n'est pas claire.

Lorsque tu tombes très amoureux·se,
ne te cache plus derrière la croyance systématique
que tu as trouvé ta flamme jumelle ou ton âme sœur,
que cette personne est destinée à d'abord te faire beaucoup souffrir
avant de fusionner un jour avec toi.

Tout cela t'empêche de prendre la responsabilité
de tes blessures d'âme, te rend malade, inquiet·ète, torturé·e
et déconnecté·e du moment présent,
plutôt qu'apaisé·e, serein·e, joyeux·se et satisfait·e.

Plus tard, lorsque tu en auras terminé avec ce genre de relation,
tu pourras te rendre compte à quel point tu étais dans l'erreur
en voulant transformer quelqu'un qui ne voulait pas de toi
totalement.

L'amour que tu cherches sera le reflet
de celui que tu te seras d'abord donné.

Commence par tomber amoureux·se de toi,
et ensuite observe ce qui arrivera.

Ton but

L’ascension n’est pas toujours aisée,
ce n’est pas une raison pour baisser les bras.
Elle peut être longue, très longue quelquefois, cette ascension.

Tant mieux, car cela te permet
de prendre du temps pour peaufiner,
pardonner, guérir et aimer en profondeur
tout ce qui a besoin de l’être en toi !

Rien ne peut arrêter ton ascension
vers ton rêve.
Même si ta vie doit s’arrêter,
tu poursuivras quand même ton but de là
où tu seras.

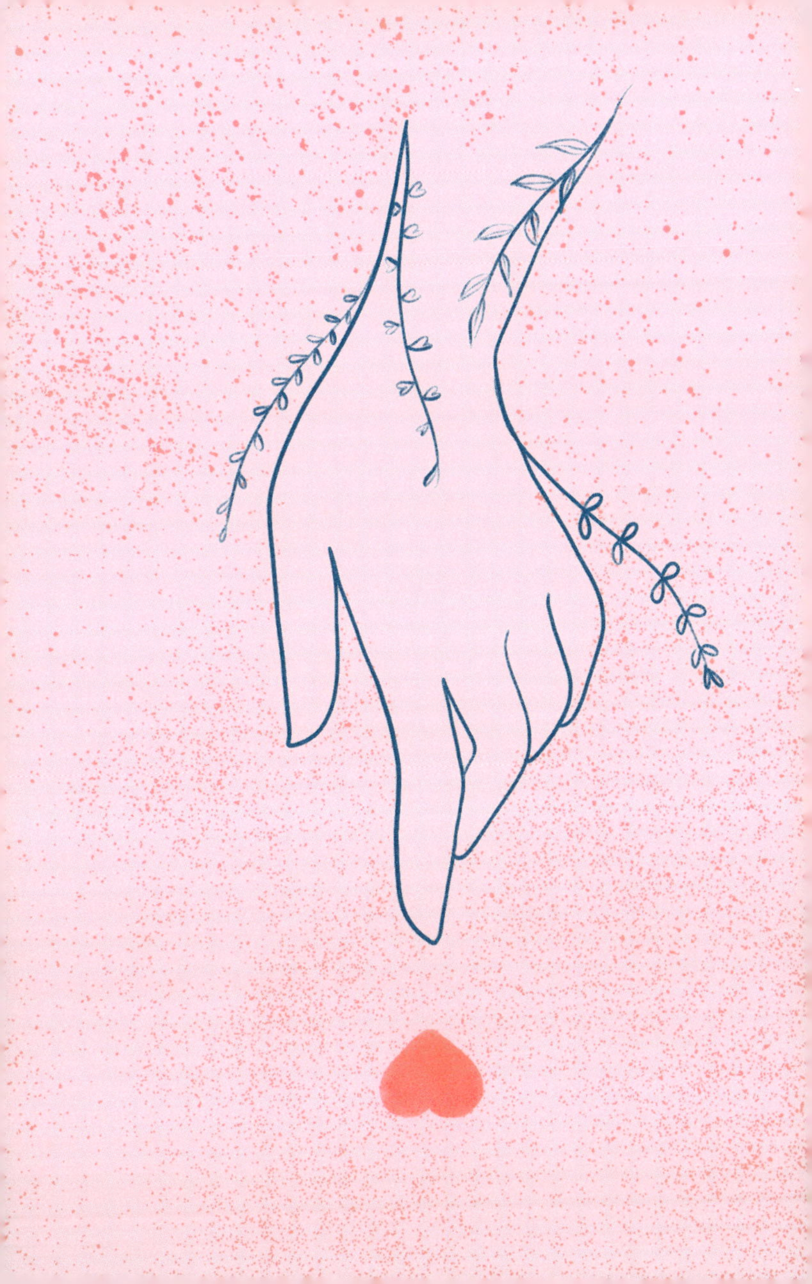

Donner

Si tu as trop d'amour en toi,
alors il existe une solution :
distribue-le tout autour de toi,
peu importe de quelle façon
tu t'y emploieras.

Il nous arrive des moments de grâce exceptionnels
où l'on a le sentiment d'aimer
tout ce qui est,
tout ce qui vit.

À ce moment-là, n'hésite pas une seconde
à distribuer tout cet amour disponible
qui t'est donné par la voie de ton cœur.

L'amour existe pour circuler
et non pour rester enfermé
dans une seule personne, dans un seul corps.

À toi de donner,
comme tu peux,
comme tu veux.
Fais circuler tout ton amour.

Sois vrai·e

Ne te rétrécis pas pour plaire.

Ne deviens pas ce que tu n'es pas
par peur d'être rejeté·e ou abandonné·e.

Ne laisse pas de côté ce que tu es
par peur qu'on ne t'apprécie pas.

Sois la vraie personne que tu es
et accepte que certains ne t'aiment pas
et ne t'aimeront jamais
quoi que tu puisses faire, avoir ou être pour cela.

Accepte que les gens aient le droit
de ressentir ce qu'ils ressentent,
que tu n'as pas le droit de les en empêcher.

Accepte que des gens
ne te comprendront jamais,
quoi que tu puisses faire
pour tenter de les convaincre.

Cesse de perdre ton temps
avec des personnes qui ne t'apprécient pas,
elles ne te méritent pas, tout simplement.

Vis pour ceux qui t'aiment vraiment,
même si cela inclut une ou deux personnes seulement.
Alors, tu seras comblé·e, tu seras riche.

Dis-lui au revoir

Ce n'est pas parce que quelqu'un a joué
un rôle important dans ta vie
que tu dois continuer à t'accrocher
à celle ou celui dont tu étais jadis amoureux·se,
quand cet amour-là commence à mourir.

Ta relation était autrefois belle et épanouissante,
et c'est une chose merveilleuse.
Le fait qu'elle se détériore
ne signifie pas que tu es incapable de conserver toute relation,
il s'agit juste de celle-ci, qui arrive à sa fin.

Rien ne prouve que tu sois une mauvaise personne.
Cela signifie simplement que la relation a suivi son cours,
que vous avez évolué chacun·e de votre côté et que,
réciproquement, vous n'avez plus besoin l'un de l'autre.

C'est correct de pleurer la perte d'une relation
qui avait une place spéciale dans ton cœur.

Tu n'as pas à sacrifier ton bien-être
pour maintenir un lien qui ne te sert plus.
Tu as le droit de consacrer ton temps
et ton énergie uniquement aux personnes
avec lesquelles l'affection est réciproque.

Tu mérites de te sentir vu·e, entendu·e
et pris·e en considération.
Tu mérites des relations qui te donnent l'impression
d'être épanoui·e et connecté·e.

Peu importe la durée d'une histoire avec une personne.
Tu peux abandonner une relation qui te blesse
et qui t'oblige à prouver ta valeur.

Brille encore

Le moment est venu de reprendre ton pouvoir !

Tu as peut-être souvent donné ce pouvoir aux autres,
croyant qu'ils étaient mieux que toi.

Ta mission sur Terre est de prendre ta place
et de croire en la merveilleuse personne que tu es.

Rappelle-toi : tu n'es ni ton corps ni ton ego,
tu es essence divine, tu es lumière,
c'est cela ta vraie nature.

Tu es unique,
et tu es aussi spécial·e que les autres que tu admires.
Seulement, contrairement à eux,
tu n'y crois pas encore suffisamment, c'est tout !

Donne-toi les moyens d'augmenter ta lumière.
Brille et brille encore, car le monde a besoin de toi.

Rappelle-toi :
pas demain,
mais tout de suite, maintenant,
rayonne et aime !

Impose-toi

Tu sais que tu as avancé lorsque :

•

Tu dis non aux situations que tu tolérais dans le passé
afin de te dire davantage oui à toi-même ;

•

Autrefois tu te taisais et faisais profil bas
et aujourd'hui, tu n'as plus peur de parler et de t'affirmer
en étant capable d'en assumer les conséquences ;

•

Là où tu étais en réaction et en guerre, tu choisis maintenant
la paix et le silence ou la communication bienveillante.

Tu as compris que beaucoup de situations
te vidaient inutilement de tes forces
et qu'elles ne méritent plus ton temps,
ton énergie et ta concentration.

Tu te fais désormais passer en premier·ère,
afin d'être plus efficace pour aider
ceux qui te le demandent,
toujours en respectant tes limites et en étant en accord avec toi.

Quand le soleil glisse ses rayons

Fortifie, nourris
et embellis tes désirs,
il n'y aura plus de nourriture
pour alimenter tes peurs.

Là où tu fixes ton attention
tu y mets du pouvoir.

Il y a toujours un temps,
même dans tes moments les plus obscurs,
où le soleil glisse ses rayons,
où le sourire illumine ton visage
et réchauffe ton cœur.

Pour toi

Donne-toi le temps d'être triste,
frustré·e et en colère.
Donne-toi du temps pour guérir
et accepter de grandir
malgré les vicissitudes de la vie.

Un matin, tu te réveilleras
et la lumière pénétrera ton cœur.
Petit à petit, tu apprendras à cultiver le détachement,
à prendre de la distance avec les événements
et à davantage vivre l'instant présent.

Tu attireras de nouvelles situations
et des personnes qui t'aideront
par leur amour à sortir de ta tristesse
et te feront oublier ton désespoir.

Évidemment, tout cela ne se fera pas en un jour,
Te rapprocher de toi demande du temps, beaucoup de temps.

Garde le sourire et la foi
malgré ce que tu vis encore en ce moment,
et n'oublie pas que la souffrance
tente de te nettoyer,
afin de t'aider à libérer ton âme.

Aujourd'hui est un jour nouveau.
Tu as la chance de le vivre
alors que tant d'autres ne l'ont plus.

Regarde au fond de toi
ce que tu pourrais vivre différemment d'hier
afin d'aller davantage vers ton but,
le cœur léger et l'âme en paix.

La Source est en moi

Peu importe où j'en suis, qui je suis et où je vais,
car la Source est en moi.

Se lever chaque matin, quelquefois l'esprit chagrin,
mais aussitôt retrouver le sourire à la pensée que
la Source est en moi.

Se confronter à quelques difficultés,
se trouver nul·le, ou impuissant·e,
être découragé·e ou essoufflé·e,
mais se rappeler sans tarder que
la Source coule en moi.

Je ne m'inquiète plus, je reviens vers moi.
Je ne m'abandonne plus.
Je me respire.
Je me nourris de moi-même comme d'une nourriture sacrée.
Je jouis enfin de ma propre présence.
La quête à l'extérieur a enfin cessé.

Je suis ce que je cherche depuis toujours, car je sais que
la Source est en moi.

L'expérience est un voyage

Le voyage de chacun·e est différent.
Ne te compare pas aux autres
et ne compare pas ton expérience
à celle de quiconque.

Tout le monde a besoin d'un temps différent
pour arriver là où il doit aller.

Tu grandis et apprends tous les jours,
même lorsque les choses stagnent.
En vérité, elles ne stagnent pas,
elles ont juste besoin de temps pour s'intégrer
et s'étendre progressivement en toi.

Ce qu'il y a d'extraordinaire dans la souffrance,
c'est qu'elle permet de se mettre à la place de l'autre
et de comprendre ce qu'on ne comprenait pas chez lui :
la lamentation, la plainte, l'attitude de victime
qui nous insupportaient à l'époque.
Nous les connaissons maintenant
et les reconnaissons en tant que telles,
ce qui nous permet de les accueillir chez l'autre
et d'avoir de la compassion
comme nous en avons pour nous-mêmes.

Tu ne seras pas obligé·e de vivre
cela pour toujours,
c'est un court moment dans ta vie d'humain·e.
Dans la vie de l'amour, cela est furtif,
mais tellement nécessaire pour apprendre
à t'aimer sans conditions.

L'amour est à l'intérieur

Parfois, couper les ponts ou s'éloigner
n'a rien à voir avec une fuite ou de la faiblesse.

Parfois, dans certaines situations de souffrance,
il devient nécessaire de partir
afin de faire le point à l'intérieur de soi.

On peut alors se mettre au clair
jusqu'au moment où l'on devient capable
de renouer, mais d'une façon différente,
sans colère et sans peur.

Quitter ou se séparer des gens
ne signifie pas automatiquement
que nous ne les aimons pas.
Parfois, il est nécessaire de réagir à l'inverse de l'amour
afin de commencer à se donner prioritairement
du temps et de l'énergie.

L’amour

Ne cherche pas l’amour, c’est lui
qui doit te chercher.

L’amour a besoin que ton cœur sois libre
pour pouvoir s’y déposer,
libre de toute attente,
libre de toute contrainte,
libre de toute obligation.

L’amour ne veut pas se soumettre à toi,
il veut que tu te prépares à le recevoir
en t’aimant d’abord toi-même.

Il arrivera lorsqu’il se reconnaîtra en toi
et pourra s’y déposer en toute confiance.

L’amour n’a jamais peur de rien,
mais il ne peut pas pénétrer
celui ou celle qui ne veut pas vraiment de lui.

L’insécurité

La peur de l’insécurité amène
à faire une fixation sur l’argent et la matière.
Ce n’est ni bien ni mal,
cela parle juste des blessures de l’enfant intérieur en nous,
qui ne s’est pas senti sécurisé affectivement
par ses éducateur·trice·s lorsqu’il était plus jeune.

On peut aller à la racine du problème
en opérant un décodage émotionnel,
car si la racine n’est pas nettoyée,
comment espérer une véritable guérison ?

Apprends à accueillir ta peur de manquer,
à te donner le droit de ne pas
te sentir en sécurité,
et à poser progressivement des actions
pour aller vers ton besoin de sécurité intérieure.

Accepte tes peurs

Tu devrais vérifier
si tu vis des choses par peur
ou par amour de toi.

S'il t'est possible d'ôter des choses
ou de quitter des personnes ou des situations
que tu vis parce que tu as peur pour toi,
fais-le.

Si cela n'est pas possible,
donne-toi le droit pour l'instant
de ne pas arriver à t'y soustraire
parce que tu as encore trop peur pour toi
(des conséquences, des jugements…).

Il n'y a aucun jugement
à avoir contre toi-même.

Il y a juste à accueillir ton inconfort
et à te faire confiance,
car, quoi qu'il arrive ce ne sera pas éternel.

Tu as le pouvoir sur ta vie

Tu peux tout défaire
et tout recréer par toi-même.

Tout bouge, tout change,
rien n'est éternel.

Tu as toujours le choix,
même celui de choisir de ne pas l'avoir.

Tu peux transformer tes croyances négatives en positives,
reformater le disque dur abîmé et rayé de ta vie.

Supprime les virus de ton ordinateur émotionnel.
Classe tes dossiers, garde les bons et jette les périmés.

Dis au revoir aux relations qui ne te conviennent plus.

Comme un·e guerrier·ère,
brandis ton épée à coups de bienveillance,
de dons, d'écoute et d'ouverture aux autres.

Ton cœur est ton arme la plus puissante,
la seule qui puisse transcender tes peurs.

Ouvre tes bras au nouveau
au présent, à l'amour.

Plus que jamais,
donne-toi le droit d'être totalement *toi.*

Allez, vas-y,
c'est maintenant !

Tu es protégé·e

Lorsque le chagrin et le désespoir t'envahissent,
reviens vers toi.
Reviens vers toi et rappelle-toi tout ce que tu possèdes déjà
en arrêtant de focaliser sur ce que tu n'as pas encore.

N'oublie pas que ne pas avoir rapidement ce que tu désires
est en réalité une chance.
Oui, une chance d'être peut-être protégé·e des grands dangers
que représenterait le fait d'avoir quelque chose
qui pourrait se retourner contre toi.

Peut-être es-tu protégé·e en ne réussissant pas à te faire aimer
par cette personne parce qu'en réalité elle ferait ton malheur.

Peut-être es-tu protégé·e en n'obtenant pas ce poste
parce que tu finirais pas t'y ennuyer
ou avoir de graves conflits avec tes employeurs.

Au lieu de rester dans ta prison intérieure,
écarte doucement quelques barreaux
et prends le temps de respirer à nouveau,
de regarder et de contempler ce que tu as :
un toit où dormir,
un ou deux repas par jour,
de l'eau, de l'électricité et du chauffage,
des yeux qui voient encore,
des oreilles qui entendent la musique, les voix, les bruits,
certains membres de ta famille qui t'aiment et pensent à toi,
ce livre que tu es en train de lire,
cette musique que tu es en train d'écouter.

Même si tu n'as que certaines de ces choses,
tu n'es pas dépourvu·e de vie,
alors tu peux continuer à avancer en relevant la tête
et en disant « Oui, je crois qu'il y a de belles choses qui m'attendent
et je vais me relever pour aller les chercher. »

La vie t'aime et prend soin de toi à sa manière.

Tu es amour

Quand l'amour de toi te pénètre,
quand tu t'autorises à aimer les parts sombres en toi,
quand chacune de tes respirations te relie au Divin,
quand tu sais qu'il n'y a pas de gens mauvais
mais seulement des gens souffrants
qui ont des comportements méchants,
quand tu as compris que tout le monde, comme toi,
a besoin de reconnaissance et que c'est profondément humain,
quand tu sais que chacun·e a une place
et une forme bien précise afin d'œuvrer pour sa mission spirituelle,
quand tu autorises l'autre à être lui-même sans le juger,
alors tu sais que tu es dans l'amour inconditionnel.

Et à ce moment-là,
tu peux enfin vivre léger et libre comme un papillon
qui se pose de fleur en fleur,
s'imprégnant des parfums de chacune d'elles
et s'enivrant des couleurs de la vie.

Nourris-toi

Le fait que tu t'éloignes des personnes
qui ne respectent pas ton espace et ta dignité
ne fait pas de toi une personne mauvaise ou fuyante.

Pour te reconstruire et faire un retour sur toi,
il est vraiment nécessaire de quitter toute relation
dysfonctionnelle et destructrice afin d'avoir de l'espace
pour pouvoir accueillir en toi ce qui est blessé,
souffrant, et qui demande toute ton attention.

Même si tu sais que tu as besoin de la relation
pour savoir où tu en es avec toi,
cette perspective d'éloignement te sera salutaire.

Que ce soit des voisins, amis ou même des membres de ta famille,
quand vient l'heure de faire une pause, tu la fais,
cela devient une nécessité et quelquefois une question de survie.
Tu peux ensuite retrouver ces personnes et
porter sur elles un autre regard,
parce que ce que tu attendais d'elles, tu te l'es enfin donné.

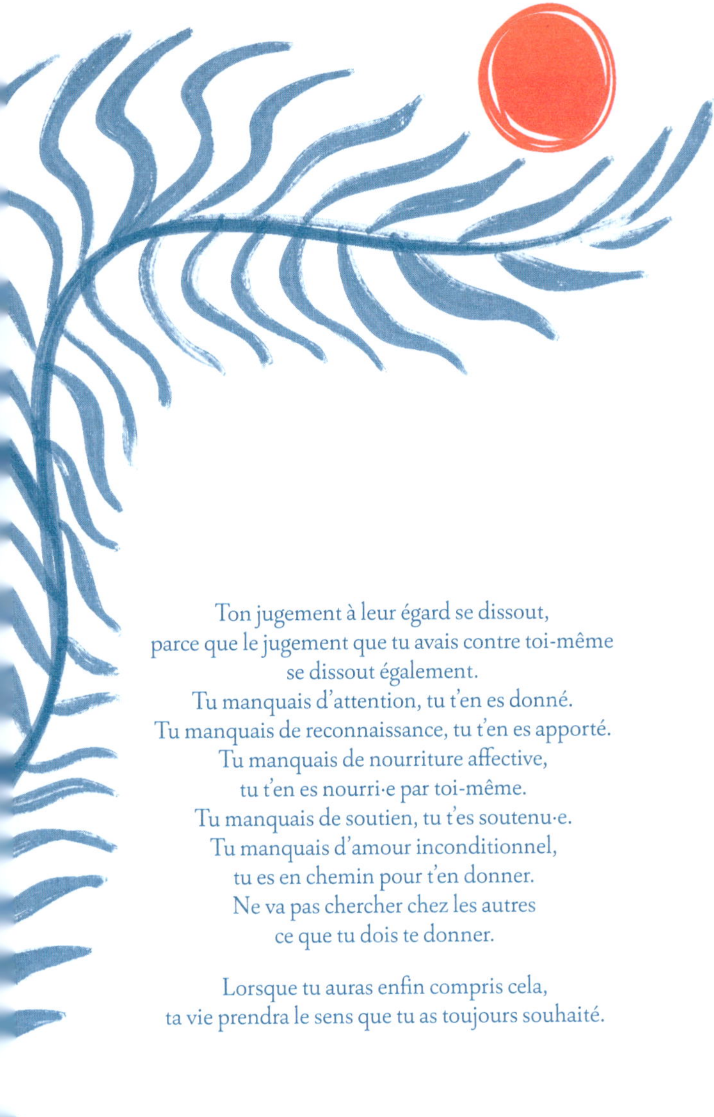

Ton jugement à leur égard se dissout,
parce que le jugement que tu avais contre toi-même
se dissout également.
Tu manquais d'attention, tu t'en es donné.
Tu manquais de reconnaissance, tu t'en es apporté.
Tu manquais de nourriture affective,
tu t'en es nourri·e par toi-même.
Tu manquais de soutien, tu t'es soutenu·e.
Tu manquais d'amour inconditionnel,
tu es en chemin pour t'en donner.
Ne va pas chercher chez les autres
ce que tu dois te donner.

Lorsque tu auras enfin compris cela,
ta vie prendra le sens que tu as toujours souhaité.

Tu mérites toujours l'amour

Tu mérites toujours la gentillesse
et la douceur dans tes relations humaines.

Ce n'est pas parce que tu n'en reçois pas souvent
que tu ne le mérites pas.
Chasse de ton esprit que tu es né·e
pour souffrir ou pour être seul·e.

Va vers ceux qui touchent ton cœur
et permets-toi de les aimer
sans retenue et sans peur.

N'aie aucune attente,
laisse les gens libres d'être
ce qu'ils veulent être avec toi.

Peu importe les cicatrices que tu portes
ou les dures vérités que tu possèdes.
Tu mérites toujours l'amour.

Accepter la dualité

Tu vas croiser beaucoup de monde dans ta vie.
Certain·e·s t'obligeront à apprendre une leçon,
d'autres vont blesser ton âme,
peut-être t'abandonner ou te trahir.
D'autres vont t'endormir,
te mentir ou te poignarder dans le dos.

D'autres encore vont te pousser
à aller vers le meilleur de toi,
t'encourager et te montrer sans cesse
tes forces et non tes faiblesses.
Encore d'autres vont te donner la main,
la serrer très fort,
puis se tourner vers quelqu'un d'autre
et t'oublier complètement.

Peu importe.
Cela va et vient, tu n'y es pour rien.
Tu ne peux obliger quiconque à t'aimer,
à te valider et te soutenir constamment.

En revanche, tu peux épouser les vagues
de ces contradictions, de ces oppositions,
de cette dualité
et faire la paix avec le tout.

C'est le plus simple.
C'est l'acceptation de ce qui vient au fil du temps.

Sois le maître de ta vie

Ne laisse plus personne te dire ce que tu as à faire.
Connecte-toi le plus souvent possible
avec les personnes qui t'encouragent et
t'aident à surmonter tes expériences de vie.
Quitte ceux qui te rendent triste, te diminuent,
te font douter de toi, sabotent ton moral
et sont satisfaits de te voir affligé·e.
Le temps est venu pour toi, comme pour nous tou·te·s,
de te reconnecter à ton essence profonde.
Tes anciennes mémoires sont en train
de remonter à la surface
afin que tu leur dises : « Merci pour tout et au revoir. »
Laisse tes émotions sortir,
trouve une personne qui sache t'écouter avec son cœur.
Les autres sont là pour te montrer
où tu en es avec toi-même,
sers-toi d'elles pour travailler par effet miroir
et ensuite fais du tri dans ce qui sape ton intégrité vitale,
qu'elle soit physique, émotionnelle ou mentale.
Tout est en place pour que tu apprennes à t'aimer,
à t'accueillir tel·le que tu es.
Rien n'est l'effet du hasard et, au plus profond de toi,
tu le sais.

Prendre de la distance

Prendre de la distance,
avec tout ce qui relève
de l'agitation et de la peur,
et préférer être un·e observateur·rice conscient·e.

Vivre constamment
dans le faire et l'avoir
apporte du stress, de l'insécurité
et nourrit la peur de vivre
dans la joie et la paix intérieure.

Accueillir tout ce que l'on ne peut pas changer,
se dépouiller des choses
ou relations superflues que l'on ne peut changer,
et rester centré·e dans la béatitude de la Source.

Juste être, et remercier d'être encore là.

Ne les laisse pas te définir

N'écoute pas toutes les méchancetés
que l'on peut dire à ton sujet.
Rappelle-toi que lorsque l'autre te critique,
en réalité, il ne fait que parler de lui.
Comme le dit Don Miguel Ruiz :
« (Quoi qu'il arrive,) n'en faites pas une affaire personnelle »
Reste accroché·e à tes rêves.
Fais-toi passer en premier,
prends soin de toi.

Le nouveau monde a besoin de toi pour se réaliser.
Et toi, tu as besoin d'être en harmonie avec toi-même
pour être heureux·se.
Aie le courage de te remettre en question,
de changer tes points de vue obsolètes,
de te faire confiance, d'expérimenter,
d'aller vers le nouveau
et de laisser s'effondrer l'ancien.
Le chemin est ardu,
souvent on se sent seul·e et incompris·e,
mais sache que beaucoup sont comme toi :
en route vers l'amour.
Et ils sont prêts à tous les sacrifices
pour aller vers le chemin de la liberté.

Rapproche-toi de ceux qui ont la même vision
illimitée de l'amour et de tous les possibles que toi,
éloigne-toi de ceux qui te font douter sur ton chemin,
de ceux qui essaient de te faire revenir en arrière
afin que tes actions et ton comportement
ne leur montrent pas qu'ils n'ont pas le courage d'aller où tu vas.

Ne laisse donc plus les autres définir qui tu es
selon leurs propres transferts,
balaie cela d'un revers de la main et avance,
toujours plus fort·e,
toujours plus rayonnant·e,
toujours plus conquérant·e.

N'attends pas

N'attends pas que la personne qui t'accompagne
depuis tant d'années ait quitté ce monde
pour t'apercevoir à quel point elle est précieuse.

Précieuse par ses attentions,
par tous ces petits gestes quotidiens
dont tu ne vois pas toujours la valeur.

Précieuse par son sourire,
ses rires et ses chagrins,
ses colères et ses frustrations.

Précieuse quand elle dort chaque nuit près de toi.
Précieuse quand elle regarde vos enfants grandir.
Précieuse quand elle sent ta main
frippée dans la sienne.
Précieuse quand elle reste près de toi sans parler,
mais en te comprenant.

Précieuse quand elle devine ce qui te fait plaisir.
Précieuse quand elle est aux petits soins
dès que tu es alité·e.

N'attends plus,
et montre-lui tout ton amour
avant que vous ne soyez séparé·e·s.

Prends soin de toi

Tu ne dois jamais te sentir coupable
de partager et d'exprimer tes sentiments et tes émotions.
Ce n'est pas un acte de faiblesse
que d'avouer que tu as peur,
que tu te sens triste, en colère,
impuissant·e ou désespéré·e.
C'est un soin personnel
et il n'y a rien de honteux à prendre soin de toi
en te déchargeant d'une partie de ta douleur.

Tes sentiments sont importants.
Tu as de l'importance,
et si tu es blessé·e,
tu es autorisé·e à l'exprimer.
Tu as le droit de prendre tout l'espace
dont tu as besoin pour être totalement toi,
que ce soit par le biais de la joie,
de la sérénité et de l'émerveillement
ou par les pleurs, les peines, les hontes et les désespérances.
Et si ceux qui t'entourent te laissent tomber
parce qu'ils te trouvent triste
et n'en ont rien à faire de ton malheur,
alors, laisse-les partir.

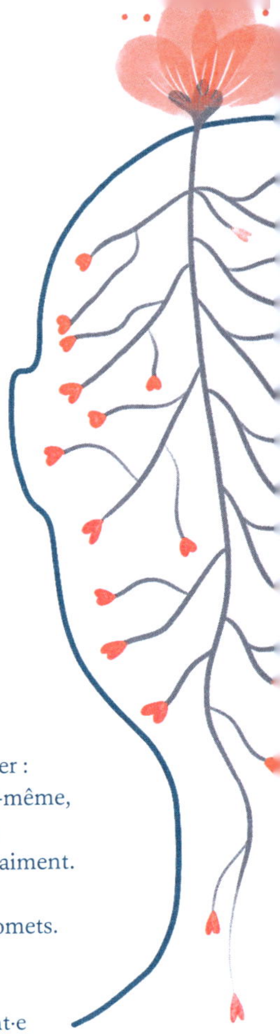

C'est la meilleure chose qu'il puisse t'arriver :
que les gens te laissent tomber quand tu es toi-même,
afin que tu arrêtes de perdre du temps
avec ceux qui ne t'aiment pas tel·le que tu es vraiment.
Tu ne dois jamais oublier
que tu es ta priorité pour toujours, je te le promets.
Tant que tu ne tomberas pas
fou ou folle amoureux·se de toi,
tu ne pourras pas te sentir vraiment vivant·e
et incarné·e avec qui que soit ici-bas.

Tu es définitivement ta plus grande priorité.
Prends grand soin de toi.

Le chemin de l'amour

Lorsque que tu es triste
et que tu souffres,
une importante transformation
est en train de s'opérer en toi.

Pour aider cette transformation,
ressens en pleine conscience tes émotions,
respire-les et dis-leur
qu'elles ont le droit d'être là,
que tu acceptes leur présence.

L'amour pour toi est alors
en train de te pénétrer en profondeur.

Tu commences progressivement
à être libre d'être toi-même,
et non pas à être libéré·e
de ce que tu ne veux pas être.

C'est le pouvoir de l'acceptation.

La beauté intérieure

Quand je cherche à être beau ou
belle à l'extérieur,
je ne fais que tenter de montrer ce que je veux être à l'intérieur de
moi.
Je veux être lumineux·se,
contacter ma lumière divine.
Je veux être désirable et sensuel·le.
Je veux être élégant·e et raffiné·e, atteindre la perfection spirituelle.

Alors, lorsque je veux être beau ou belle,
ne me jugez pas, laissez-moi.
Ne me donnez pas de noms dévalorisants,
car vous savez que je suis en marche
pour rejoindre la beauté en moi.

Apprends de la souffrance

Remercie toutes les personnes qui t'ont laissé·e tomber,
non parce que tu étais une mauvaise personne,
mais parce qu'elles n'avaient plus rien à faire
ni à apprendre avec toi.

Tu as peut-être maintenant besoin
d'être un peu plus souvent seul·e avec toi-même
et d'apprendre à te donner ce que tu leur donnais :
de l'attention, de la reconnaissance,
de l'amitié, de la complicité,
du partage et de l'amour.

Chaque personne qui te quitte
te permet de te rapprocher un peu plus de toi-même.

Rien n'est l'effet du hasard,
et tout est parfaitement orchestré
pour apprendre à t'aimer :
la souffrance, la maladie, la trahison,
l'abandon, le rejet, le manque d'argent,
la solitude, les injustices.
Ce sont tous des maîtres qui t'enseignent
la voie de l'amour inconditionnel.

Si tu t'ouvres à cet enseignement,
tu seras éternellement riche et rempli·e
de tout ce dont ton cœur et ton âme ont besoin.

Tu n'es pas seul·e

Si tu te sens seul·e,
abandonné·e, trahi·e, désemparé·e,
rejeté·e ou humilié·e en ce moment,
peut-être serait-il bon pour toi
de prendre cette émotion dans tes bras
et de lui dire combien tu l'aimes
et combien tu te sens
profondément concerné·e par elle ?

L'amour que tu cherches,
tu dois d'abord commencer
par te le donner.

Les autres pourront ainsi te traiter
comme tu te traites.
Il ne peut en être autrement.

Prends soin de toi.
Tu n'es pas seul·e.

Je me pardonne

Je me pardonne absolument tout
ce que j'ai pu faire,
hier et encore aujourd'hui.
Je me pardonne même
pour ce que j'ai pu faire d'horrible,
de malsain et de terrifiant.
Je me rends compte qu'on juge souvent les autres
pour éviter de voir ses propres jugements.
Je me donne le droit de me sentir encore coupable
de ce que j'ai fait ou vécu par le passé
et même encore maintenant.

Parce que si je me sens tout le temps coupable
et que je ne le conscientise pas et ne l'accueille pas,
je vais continuer de me punir.
Je prends conscience que lorsque j'ai agi ainsi
je n'étais pas méchant·e,
j'étais très souffrant·e
et je n'avais pas les moyens d'agir autrement.
Je n'avais pas le bon mode d'emploi,
je n'avais pas les bonnes réponses,
je n'avais pas les bons outils.
Je ne peux progresser, grandir
et me libérer que dans le pardon.
Je sais que je n'ai pas à pardonner aux autres
pour ce qu'ils m'ont fait,
c'est à eux de se pardonner.

Quant à moi, je me pardonne aussi de les avoir jugés
et condamnés, car j'ai enfin compris
pourquoi ils avaient agi ainsi.
En me pardonnant, je pardonne aux autres
et les autres me pardonnent.
Parce que nous tou·te·s, finalement, ne faisons qu'un.

Aimer, respecter, avoir confiance

Plus tu t'aimeras,
plus les autres t'aimeront,
plus tu aimeras les autres.

Plus tu te respecteras,
plus les autres te respecteront,
plus tu respecteras les autres.

Plus tu auras confiance en toi,
plus tu auras confiance en les autres,
plus les autres auront confiance en toi.

Rien n'est jamais possible sans ton accord.

Vis ta vérité

N'essaie pas de vivre
l'histoire de quelqu'un d'autre.
Ne tente pas de prouver désespérément
quelque chose aux autres.

Fais ce qu'il y a de mieux pour toi
et n'écoute pas ceux qui te disent :
« Tu devrais faire ceci ou cela,
c'est pour ton bien. »

Toi seul·e connais les besoins de ton âme.
Les autres ne peuvent connaître que les leurs.
La seule chose importante que tu dois faire,
c'est tenter de vivre ta propre vérité
et devenir totalement créateur·rice de ta vie,
de la façon qu'il te plaira, que cela plaise ou pas.

La seule personne à qui tu as à plaire,
c'est toi-même.

Je décide de vivre dans la légèreté

Je prends de plus en plus de distance
avec les événements qui arrivent.
Certains sont agréables et je m'adapte facilement.
D'autres le sont beaucoup moins,
mais je travaille à m'ajuster progressivement aux circonstances
au lieu de leur résister et de gaspiller de l'énergie.

Je sais que s'adapter ne signifie pas capituler ou se soumettre,
mais plutôt faire preuve de grande intelligence
et épouser les énergies de l'instant présent.
Je sais aujourd'hui plus que jamais que tout change,
tout se transforme et tout se dirige vers la lumière.
J'entrevois que ce qui fonctionnait hier ne fonctionne plus
aujourd'hui,
car le passé est une zone morte dans laquelle
je décide de ne plus me complaire, et surtout de ne plus l'alimenter
par mon système de valeurs désuet qui ne me convient plus.
J'accepte que mon changement ne puisse pas plaire à tout le monde
et que j'en dérangerai certain·e·s
qui me tourneront le dos, car ils auront peur pour eux.

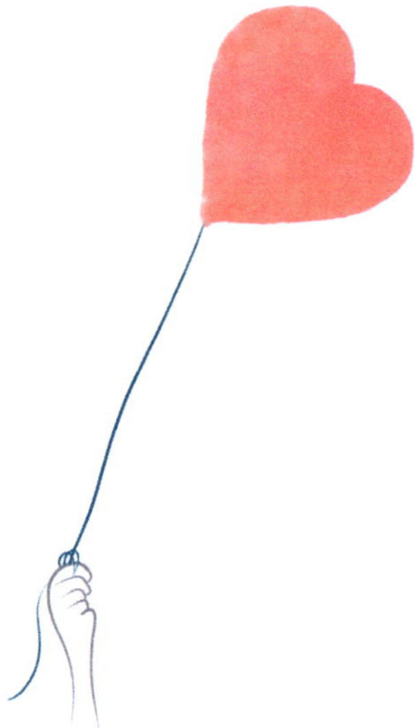

Je sais que la seule issue qu'il me reste,
c'est de sortir de ma zone de confort
et d'essayer petit à petit quelque chose de nouveau,
d'inconnu, d'incertain.
J'aurai de moins en moins de filet de sécurité,
ce qui m'invitera à davantage lâcher prise
et me sentir libre, épanoui·e et lumineux·se.

L'amour ne veut pas de sécurité,
pas d'avenir, pas de demain ni d'hier,
pas d'attentes et pas d'attachement.
L'amour veut tout dans la liberté et la légèreté,
parce qu'il est illimité et hors de l'espace-temps
et qu'il est au centre du Tout.

Être en réaction

Quand tu es en réaction,
tu appelles systématiquement l'autre
à l'être aussi.
Lorsque tu n'es plus en réaction,
l'autre cesse aussi.

Par exemple, lorsque tu cesses d'être
en colère contre l'autre,
il cesse d'être en colère contre toi.

Lorsque tu n'as plus de rancune
envers une personne,
elle a davantage envie de se rapprocher de toi.

Prends le temps de réagir en paix
en pensant à ce que tu attends de toi et
de l'autre.

Sois en paix

Ne te soucie pas de
ce que certaines personnes
disent dans ton dos.
Elles mettent souvent le doigt
sur les défauts des autres,
faute de prendre le temps de corriger les leurs.

N'oublie pas : plus tu es critiqué·e, plus tu as de la valeur.

Je ne parle pas de certains comportements destructeurs
comme le vol, la violence physique ou les trafics
en tous genres,
mais de la critique qui dit que
tu es « prétentieux·se, jaloux·se, envieux·se, fainéant·e,
profiteur·se, égoïste, insensible, antipathique... ».

Ces caractéristiques prouvent,
au contraire,
que tu es un·e humain·e et
que tu es vivant·e.
Tout va bien.

Ceux que cela dérange
ne font que parler d'eux.
Ils ne s'aiment pas
lorsqu'ils sont ainsi
et se jugent avec autant d'intensité qu'ils te jugent.

Sois en paix avec la belle personne que tu es.
Continue à révéler l'homme
ou la femme sacré·e en toi.

Peu importe de quoi on te jugera.
Ce qui compte, c'est que
tu ne te juges pas toi-même
et que tu vives la vie dont tu rêves.

De toute façon, quoi qu'on fasse ou ne fasse pas,
on est toujours jugé·e par quelqu'un, et nous faisons de même.
Autant faire la paix avec ça.

Suis ton intuition et
vis ton chemin
comme ton cœur et ton âme
te le soufflent.
Ne t'occupe plus de tout ça,
et fais tout simplement
ce que tu as à faire.

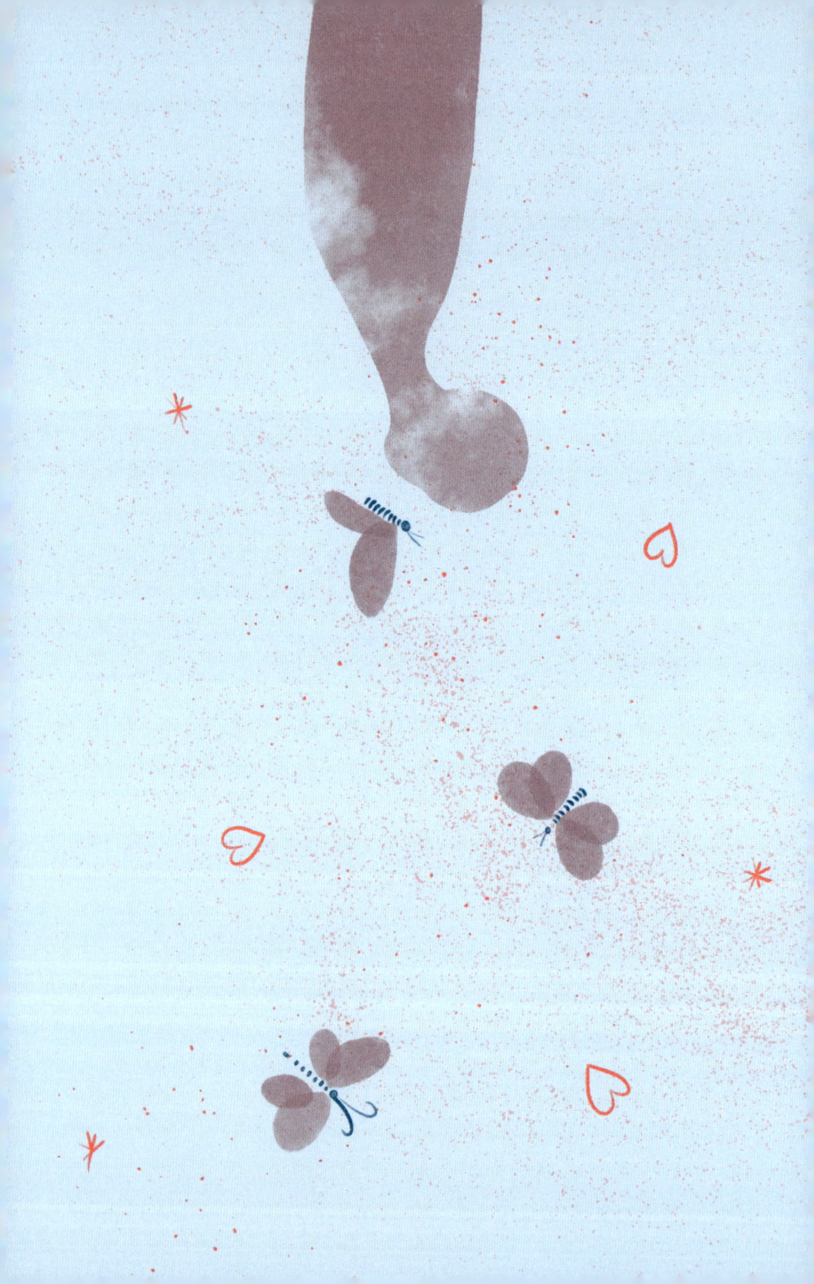

Tu es la paix

Personne n'a le pouvoir
de déranger la paix
qui est dans ton cœur.
Toi seul·e le peux.

Si tu décides que la paix
est tout naturellement
l'amour que tu te portes
et l'endroit où tu peux te réfugier
lorsque tout va mal,
alors tu l'irradieras.

Celui ou celle qui est la paix
ne peut jamais être dérangé·e.

La vie est un apprentissage

Cessons de perdre du temps,
car celui qu'il nous reste est précieux
pour apprendre à nous accueillir,
à nous aimer et faire ce qui est important pour nous.
C'est le bon moment
pour commencer à faire ce qui compte le plus.

La vie est faite d'expériences, d'essais et d'erreurs.
La vie est un apprentissage.

Nous avons été blessé·e·s, meurtri·e·s, diminué·e·s,
plaqué·e·s au sol plus d'une fois,
mais nous sommes encore ici, encore en vie,
et ce n'est sûrement pas par hasard.
Nous avons un rôle à jouer
dans cette transition de la peur vers l'amour.

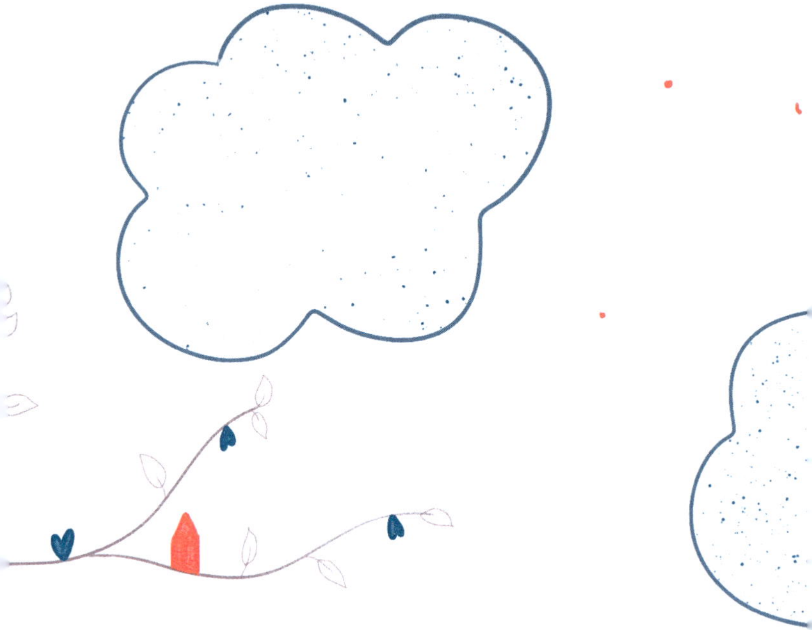

Songez au privilège d'être encore en vie,
à celui de regarder, de respirer,
de toucher, de sentir, de profiter.

Songez à toute la beauté qui vous entoure,
et oubliez votre tristesse, vos chagrins.
Nous sommes maintenant capables d'avancer,
même si nous avons encore mal,
d'avancer avec notre chagrin et notre douleur
vers les désirs de notre cœur.

Permettons à nos blessures de nous donner
leurs forces plus que leurs faiblesses.
Décidons une bonne fois pour toutes
d'aller vers la lumière et d'y demeurer, ensemble.

Tu es parfait·e

Tu es parfait·e lorsque
ressembler ou t'identifier aux autres
ne t'intéresse plus.

Tu es parfait·e lorsque
tu vois la perfection en chaque chose
et que par ton regard, tes gestes ou tes paroles,
tu donnes le meilleur de toi-même.

Tu es parfait·e lorsque
la joie, le sourire et la gaité t'habitent
et sont communicatifs.

Tu es parfait·e lorsque
ta tristesse, ton désespoir ou ton découragement
ne t'écartent pas de ta voie
et que tu gardes la force d'avancer quoi qu'il arrive.

Tu es parfait·e lorsque
tu t'aimes tel·le que tu es
et que tu aimes les autres tels qu'ils sont.

Mille façons

Tout ce qui a été détruit dans ta vie,
par toi ou par les autres,
l'a été pour te montrer
que tu as la force de tout reconstruire,
mais peut-être pas de la même façon,
peut-être avec le regard de l'amour
et non celui de la peur.

Tu as peut-être été blessé·e, rejeté·e
ou humilié·e de mille façons,
mais maintenant
tu connais mille façons de te réparer.

Néanmoins, il existe une façon,
la plus puissante,
jamais dépassée, jamais égalée,
c'est l'amour.

Ton·ta meilleur·e ami·e

Ce que l'on aime le plus,
c'est être avec quelqu'un à qui on peut tout dire.

Quelqu'un à qui on peut dire sa vérité,
quelqu'un qui ne nous juge pas,
quelqu'un qui nous accueille tel·le que l'on est
sans vouloir nous changer.
Quelqu'un qui nous fait des compliments.

Quelqu'un qui nous encourage
dans les moments de doute.
Quelqu'un qui nous écoute,
sans nous interrompre,
et cela avec bienveillance.
Et si cette personne était simplement toi ?

Dépolluer

De plus en plus, nous pouvons remarquer
que d'anciens schémas comportementaux,
d'anciennes relations houleuses, pas claires ou non réglées
remontent à la surface.

Comme si on nous proposait
de faire un retour dans le passé
pour nettoyer et purifier toutes ces parts d'ombre
qui nous habitent encore
et nous empêchent de bien vivre le moment présent.
Les poubelles se vident,
les mots et maux se révèlent,
les non-dits se nomment,
les secrets de famille remontent,
les situations perverses qui nous polluent refont surface,
tout cela afin de projeter de la lumière
sur ces noirceurs et les désintégrer définitivement.

Que nos prières soient dirigées vers la vérité,
la détermination, la clairvoyance
pour être orientées vers ce qui il y de mieux pour nous
et non pas vers ce qui sabote notre énergie
et nous prive de notre joie de vivre.

Le passé doit retourner au passé
et cesser de nous polluer.
Cela doit vraiment se terminer.

Allons de l'avant
et cessons d'avoir peur de ce qui pourrait se trouver
dans le moment présent ou dans l'avenir,
en continuant à nous nourrir de force,
de joie et de vitalité,
qui sont les attributs d'une foi puissante et totale
en l'amour qui nous habite.

Rappelle-toi qu'il·elle t'aime

L'élu·e de ton cœur
n'est pas forcément celui ou celle dont tu avais tant rêvé, plus jeune.

L'élu·e de ton cœur
est peut-être complètement à l'opposé de tes goûts,
de tes passions et même de ta philosophie de vie.

Mais il·elle sait te regarder avec respect
parce qu'il·elle admire la personne que tu es.

Mais il·elle a pour toi mille petites attentions,
comme te faire la surprise de t'emmener dîner dehors
parce qu'il·elle te sait fatigué·e.

Mais il·elle est prêt·e à affronter la pluie ou le froid
si tu es malade et que tu as besoin de soins.

Mais il·elle n'a pas peur de vieillir près de toi
et, malgré tes rides et tes cheveux blancs,
son amour pour toi grandit un peu plus chaque jour.

Main dans la main

À un moment donné, après avoir écouté, appris et intégré,
tu dois trouver ton propre chemin.
Un chemin que nul n'a pris avant toi
et que personne ne pourra faire exactement comme toi, après toi.
Ce chemin, c'est la raison pour laquelle tu es venu·e ici.

Sortir des sentiers battus
et faire tes propres découvertes,
afin d'apporter ta contribution
au nouveau monde qui est déjà en marche.

Qui suis-je ?
Que puis-je apporter au monde ?
Comment puis-je participer à cette nouvelle ère ?
Tu as peut-être souvent cru que tu n'étais pas compétent·e,
ou pas incroyable ou pas merveilleux·se,
et tu as laissé ces vertus aux autres.
C'est principalement cela qui a fait à la fois ta force et ta faiblesse.
Ta force, parce que tu as travaillé à leur ressembler
et donc développé des vertus.
Et ta faiblesse, parce que tu ne t'en es pas servi·e
pour te libérer véritablement.

Aujourd'hui, prends conscience de ton grand pouvoir,
de tes capacités et dons personnels
et cesse de toujours penser que les autres valent mieux que toi.
Tu es la personne qui fait la différence avec les autres.

Tu es important·e, tu es exceptionnel·le.
Sans ces réponses, tu erreras de vie en vie,
car nous sommes tou·te·s venus pour nous entraider
et nous donner la main.

Sans nous-mêmes et sans les autres,
nous ne sommes rien.
Avec soi et avec les autres,
nous sommes le Tout.

Je suis sacré·e

Je suis sacré·e parce que je l'ai décidé.
Je suis parfait·e tel·le que je suis.
Je n'ai plus à changer ou à me déguiser
pour me conformer aux désirs des autres.

Je n'ai plus à faire semblant d'apprécier
ou à valider quoi ou qui que ce soit
alors que je ne souhaite
qu'exprimer ma désapprobation.

Je ne dis plus oui, alors que je pense non,
par peur de déplaire ou qu'on me quitte.

J'ai décidé de m'abandonner dans mes propres bras
et non plus d'utiliser ceux des autres pour me réconforter
J'ai décidé de prendre ma place
et d'aimer la Terre, là où je suis,
et non plus d'utiliser des personnes ou des situations
pour faire semblant d'avoir trouvé
mon lien d'appartenance.

La famille que j'aime est en moi.
L'autorité aimante que je recherche est en moi.
La féminité absolue que j'aime est en moi.
L'amour que je recherche est au centre de mon cœur.

Je suis. Tout simplement.

Au royaume

Pourquoi penses-tu
que tu es « trop » ou « pas assez » ?

Rappelle-toi le but de ton incarnation :
tu es la matrice et le sein de l'humanité.

Tu existes pour rayonner à travers tes dons
et ton sens du sacrifice.

Tu mérites ce qu'il y a de meilleur,
de plus puissant et de plus grand.

Ressens tout ton pouvoir
en cessant de t'identifier à ton passé
et à tes peurs.

Tu es une reine ou un roi en ce monde.
Lève-toi et prends ma main,
puis allons ensemble unir nos forces
et marcher pour la construction
du nouveau monde.

Fais confiance à ton cœur

Rappelle-toi : il se peut qu'en ce moment
tu sois encore en proie à des difficultés diverses,
qu'elles soient d'ordre physique, relationnel, matériel ou affectif.

Souviens-toi que tout ce chaos que tu vis
est en réalité une bénédiction
et non une « punition ».

Ne vois pas cela avec ton ego ou ton mental
qui sont toujours en train de se méfier et de tout analyser,
mais plutôt avec les yeux de ton cœur
qui, lui, connaît déjà cette vérité.

Prends bien soin de toi,
et au fur et à mesure que tu te laisseras
porter par ces vagues de nettoyage,
tu pourras progressivement voir apparaître
la lumière qui guérit tout et
est source de joie et de félicité.

Ne doute plus, fais confiance
et n'oublie pas que le temps
n'existe qu'au niveau des peurs,
pas de l'amour.

Il te suffit de t'ouvrir davantage au présent
qui est la seule réalité.

Reconnais ta valeur

En tant qu'être humain tu es intrinsèquement digne.
Digne d'amour et de bonté,
digne de compassion et de pardon,
digne de respect et d'acceptation,
et digne d'être heureux·se.
Tu existes et tu es donc important·e.
Tu comptes.
Tu as autant de valeur que tous les autres êtres humains sur la planète.

Quelles que soient les qualités que tu possèdes, les fautes que tu as commises
ou les choses que tu n'as pas faites, tu as une grande valeur,
celle d'être toi sur cette Terre !
Personne ne sera jamais toi.
Rien que cela fait de toi l'être unique et exceptionnel que tu es !

Imagine que quelqu'un que tu aimes
ait commis ces mêmes fautes et ait ces mêmes qualités.
Pourrais-tu le juger aussi durement que tu te juges ?

Malgré ce que tu ressens, tu n'es pas à mettre à part
et encore moins à l'écart !
Tu mérites la même gentillesse, la compassion et le pardon
que tu donnerais à quelqu'un que tu aimes.
Nous commettons tous des erreurs
et nous gâchons quelquefois la vie de ceux que nous aimons,
même sans le vouloir, même avec de bonnes intentions !

Tout cela fait partie et est la preuve de ton humanité, de ta dualité.
Tout cela fait de toi un être exceptionnel,
parce que vrai et unique dans ce qu'il est, dans ce qu'il exhale !

Tu fais chaque jour de ton mieux pour faire face et survivre,
C'est suffisant, c'est totalement juste et adapté.

La personne que je suis

La personne que je suis n'a pas besoin de transformer son corps
ni de le modeler à l'image des canons actuels
et superficiels de beauté.

La personne que je suis n'a plus envie de se faire du mal
pour se punir de ses culpabilités,
mais préfère les accueillir,
les prendre dans ses bras et les bercer.

La personne que je suis n'a plus envie de hurler
pour se faire entendre,
mais préfère faire des demandes et accepte
que les autres ne soient pas toujours disponibles pour elle.

La personne que je suis n'attend plus que tout s'arrange
pour se permettre de se sentir bien,
mais décide de l'être même
lorsque toutes les conditions ne sont pas réunies pour cela.

La personne que je suis honore la vie qui la traverse
ainsi que ses rides et son corps qui parfois la fige dans la douleur.

La personne que je suis se reconnaît
dans toutes les autres âmes et les comprends,
ayant elle-même traversé tous les enfers.

La personne que je suis aime infiniment
et profondément les enfants qu'elle a mis au monde
et sent son cœur nourri à chaque fois qu'elle les regarde
et pense à eux.

La personne que je suis est enfin heureuse
alors que les années qui lui restent à vivre diminuent
encore et encore.

Gratitude à tout ce qui est et tout ce qui m'entoure.

Ton âme sœur

L'attirance est courante.
Ce qui est rare, c'est d'avoir quelqu'un à ses côtés
qui veut grandir et construire avec soi.

Ce qui est rare, c'est de trouver celle ou celui
qui te laisse tout l'espace dont tu as besoin pour être toi
tout en prenant aussi son propre espace.

Ce qui est rare, c'est de trouver celle ou celui
qui sera à la fois ton·ta confident·e,
ton·ta partenaire, ton guide,
ton amant·e, ton ami·e.

Ce qui est rare, c'est de trouver celle ou celui
qui voit qui tu es,
et qui prend soin de toi comme d'un diamant.

Ce qui est rare, c'est,
alors que tu es près de lui ou d'elle,
quand tu peux te sentir vivre
comme si tu étais à la fois seul·e avec toi
et seul·e avec l'autre,
uni·e·s et empli·e·s de toute l'humanité.

Être et jouïr ensemble
du Divin qui est en vous.

Une âme partenaire,
une âme confidente,
une âme sœur.

Tu es un diamant

Tu dois abandonner l'idée
que tu as besoin des autres
pour valider ta valeur.

Tu dois croire avec une conviction absolue
que ce que tu es est bien assez.
Tu dois faire confiance à ce que tu es,
c'est tout ce que tu dois être.

Lorsqu'on cherche à tout prix à être approuvé·e par les autres,
c'est tout simplement qu'on ne se valide pas soi-même.

Tant que l'on ne s'est pas validé·e soi-même,
la validation des autres sera fausse ou superficielle
et ne durera pas longtemps.

Il faudra toujours recommencer,
continuer à manipuler et prendre en otage
de nouvelles personnes en quête de leur assentiment
Cela n'a pas de fin.

Cela apportera frustrations, découragements et désillusions…
Aime-toi tel·le que tu es, tu es parfait·e ainsi.

N'écoute pas ceux qui te disent le contraire,
ils ne font que parler d'eux
et projettent sur toi leurs propres insatisfactions.

Ose te connecter à ta beauté

N'es-tu pas fatigué·e de laisser la peur constamment
t'envahir et t'empêcher de croire en toi ?

Pourquoi continuer à te battre
pour une vie dont tu ne veux pas
et t'acharner à nourrir
des croyances destructrices
qui te disent que tu ne mérites
pas le meilleur ?

Pourquoi te sens-tu obligé·e de
fréquenter des personnes
avec lesquelles tu te sens mal ?
Des personnes qui te vident de ton énergie
et sabotent ton moral
dans l'espoir qu'elles ne seront plus seules
à être dans le noir et le chaos ?

Ose vivre ce qui nourrit vraiment ton cœur
et laisse ton âme se remplir de joie et d'amour,
pour vivre la vie dont tu as toujours rêvé.

Sois la belle personne que tu as toujours été.

L'heure de ta transformation

Donne de l'espace aux autres.
Ne supplie personne de rester avec toi
ni de valider tout ce que tu fais ou ce que tu es.

Sois plutôt convaincu·e que tu es à la bonne place,
et tu n'auras plus besoin de convaincre personne.

Laisse les gens être ce qu'ils sont
à partir du moment
où ils n'empiètent pas sur ton espace
et ne sabotent tes rêves.

Fais-toi toujours passer en premier.
Cela s'appelle l'estime de soi
et non l'égoïsme.

Cultive la patience,
surtout si tu as dernièrement
pris conscience que tu devais modifier
ton plan de vie ou en changer.
Il te faut peut-être aussi
prendre le temps de « faire le deuil »
de ce que tu avais autrefois prévu pour ton avenir.

C'est un passage obligé
qui peut s'avérer inconfortable
pour la majorité d'entre nous.

Mais cela ne durera pas.
La voie de l'amour vrai a un prix :
l'acceptation que tout ce qui t'arrive
est parfaitement prévu
dans ton plan d'incarnation.
Et la vie tentera toujours
de toutes ses forces
de te montrer la voie de l'amour inconditionnel.

Évoluer

Tu dois purifier toutes tes émotions,
tes sentiments refoulés depuis ta naissance,
le manque d'affection,
car un être humain attend toujours un amour
qu'il ne reçoit jamais
parce que cet amour n'est pas de ce monde,
mais il le retrouvera assurément.

Tu dois purifier
non seulement ce que tu as engrangé d'involutif
dans ton existence actuelle mais aussi
lors de toutes tes incarnations
dans ce monde ou ailleurs,
afin d'accéder à un autre niveau de conscience.

Transformer un problème en expérience

Parfois, la meilleure façon de
résoudre un « problème »
est de le transformer en expérience.

Une expérience est passionnante à vivre
car elle nous invite à nous remettre
en question et à nous dépasser.
C'est un véritable challenge qui nourrit notre corps et notre esprit.

Un problème, c'est quelque chose à résoudre,
quelque chose auquel nous résistons
et que nous n'acceptons pas dans notre vie.
On veut régler un problème
alors qu'on est appelé·e
à traverser ou choisir une expérience.

Retrouve ton pouvoir personnel

Tu doutes souvent de tes capacités et surtout de ta légitimité.
Enfant, tu n'as probablement pas reçu de tes éducateur·trice·s
toute l'attention et l'approbation dont tu avais besoin de leur part.

Peut-être que tes parents ne te faisaient pas savoir
que tu étais important·e à leurs yeux
et ne te montraient pas de signes d'affection.

Peut-être enfin que tu n'as pas eu suffisamment d'encouragements
ni reçu de compliments de leur part
lorsque tu arrivais à un certain résultat.

Tout cela fait que tu as du mal à croire en toi
et que tu mérites le meilleur parce que tu es une belle personne.
Il y a un fort risque que tes parents ne te donnent jamais
ce dont tu as manqué enfant.

Il te reste l'ultime solution : deviens toi-même
le père ou la mère aimant·e
pour ton enfant intérieur et valide-le en lui faisant sentir
à quel point tu l'aimes et à quel point il est important pour toi…

Une occasion spéciale

Aujourd'hui est une occasion spéciale.

Ne conserve rien
pour une occasion spéciale,
chaque jour de ta vie
est une occasion spéciale.

Te lever le matin et être en vie
est une occasion spéciale.
Pouvoir serrer ceux que tu aimes dans tes bras
est une occasion spéciale.
Avoir tes yeux pour voir
est une occasion spéciale.
Avoir tes oreilles pour entendre
est une occasion spéciale.
Sentir ton cœur battre dans ta poitrine
est une occasion spéciale.
Sentir l'air traverser tes narines
est une occasion spéciale.
Sentir le Divin en toi
est une occasion spéciale.

Vis comme si tu devais mourir demain
et meurs à chaque instant qui vient de passer
en savourant seulement l'instant présent.

Sent l'amour qui habite chaque chose,
ne t'attache pas à sa forme
mais plutôt à ce qu'elle vibre profondément.

Mets de la pureté et de l'authenticité dans tes intentions,
dis toujours un petit mot bienveillant à celui ou celle
qui en a besoin, et ton contentement sera permanent.

Donner, partager et irradier :
il n'y a rien d'autre à vivre.
L'heure de ta renaissance est arrivée.

Es-tu un « mouton noir » ?

As-tu eu l'impression, lorsque tu étais enfant,
d'être perçu·e comme gênant·e ou indésirable ?
As-tu eu cette sensation d'être souvent mis·e à l'écart et rejeté·e par
ta famille ?
As-tu éprouvé le besoin de devenir un peu « marginal·e »
et de créer ainsi une trop grande différence
entre toi et les autres membres de ton clan ?
As-tu résisté aux normes que l'on voulait t'imposer ?

Je sais que tu souhaitais simplement être toi-même
et refusais d'adopter une personnalité
et un comportement contraires aux tiens,
simplement pour faire plaisir
ou pour être comme « tout le monde ».

Si tu te sens considéré·e comme un mouton noir,
vois en cela des qualités et non des comportements déviants.
Cela signifie que tu as de la valeur et que cette valeur dérange.

La société a besoin de personnes comme toi pour évoluer.
Tu bouscules les idées toutes faites
et permet ainsi à la vie de circuler.

Cependant, apprends aussi à t'ajuster
et à t'adapter aux autres humains,
tout en gardant ta personnalité et ton intégrité,
et tu pourras ainsi mieux participer
à l'évolution de la planète et au nouveau monde en marche.

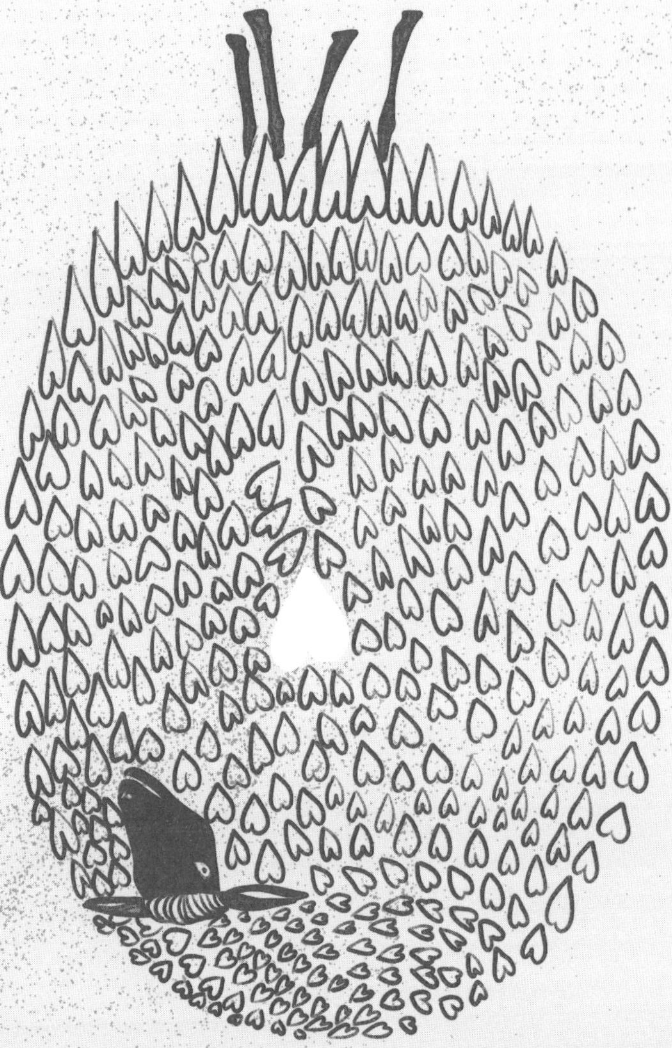

Crée ton bonheur

Quelquefois, il faut se rendre à l'évidence :
certaines situations qui fonctionnaient ont changé
et ne redeviendront jamais comme avant.
Cela s'appelle faire le deuil du passé
pour pouvoir s'ouvrir au présent.

Il n'appartient qu'à toi de créer
ton propre bonheur
et d'en être responsable.
Passer son temps à espérer
que les autres nous rendront heureux
est une perte considérable d'énergie
et n'entraîne que des déceptions.

Quelquefois, il est préférable de se faire passer en premier
et de cesser de laisser ce privilège aux autres.
D'ailleurs, on se sent tellement plus léger
lorsqu'on y parvient qu'on se demande
pourquoi on a perdu autant de temps.

Tu es bien plus fort·e et bien plus puissant·e que tu ne le penses.
Quelles que soient les épreuves que tu traverses,
soit tu arriveras à trouver le moyen de t'en sortir,
soit tu ne le trouveras pas, mais tu finiras par l'accepter
comme quelque chose de nécessaire, pour l'instant, dans ta vie.

N'écoute jamais ceux qui te disent le contraire.

Merci à la vie

La vie est bien trop courte
pour perdre ton temps
à te sentir mal et à t'en faire.

Le temps semble passer de plus en plus vite,
comme s'il voulait attirer ton attention
et te dire qu'il est urgent d'aimer,
que tu devrais le faire
avant qu'il ne soit trop tard
et que tu aies des regrets.

Vis et aime maintenant.
Tu n'as aucune certitude
de pouvoir le faire demain.

Regarde ce que la nature
te donne aujourd'hui.

Tout dans la nature sauvage
te renvoie à ce don de grâce,
d'amour et d'acceptation.

Il te suffit juste d'ouvrir les yeux.

Remercie la vie d'être
ce qu'elle est pour toi,
à chaque instant.

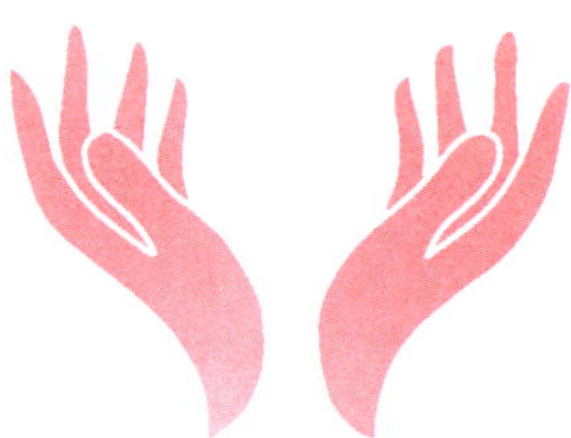

L'enfant en toi

Il y a, au plus profond de toi, un enfant qui sommeille
et qui souffre de ton indifférence à son égard.

Il se sent souvent oublié, abandonné et rejeté
dans les profondeurs de tes entrailles.
Recroquevillé dans le noir, le regard baissé vers le sol,
il a l'impression de mourir à petit feu.

Il t'attend.
Il a compris que personne ne viendrait plus le chercher, sauf... toi.

À force de négliger ton enfant intérieur,
tu risques de te t'attirer beaucoup de malaises et de maladies
qui ne seront que l'expression de son ultime désarroi.

Il a peut-être besoin d'être reconnu, écouté, validé et rassuré.
Il a besoin d'être soutenu, accompagné et félicité.
Sache que tu peux lui donner tout cela.

Deviens le parent aimant qu'il n'a pas eu
et fusionnez dans l'amour inconditionnel.

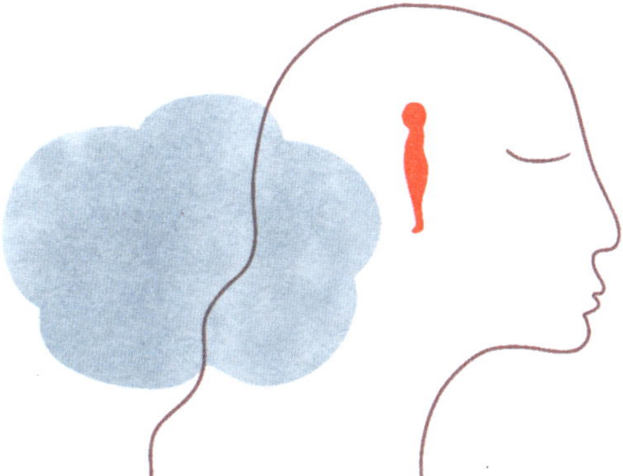

Guérir

Guérir ne veut pas dire
que tout doit être réparé.

Guérir signifie plutôt que,
même si cela n'est pas réparé,
cela ne te dérange plus.

La guérison ne dit pas
que les dégâts n'ont jamais existé.
Elle dit que les dégâts
ne contrôlent plus ta vie.

Remplace le mot « changer »
par le mot « accueillir »,
et observe ce qu'il se passe.

Ne refuse pas ce qui est

Lorsque tu résistes à ce que tu ne veux pas,
cela a plutôt tendance à aggraver les choses.

Quelquefois, malgré tes efforts incessants
pour sortir d'une situation difficile,
il est préférable d'accueillir ce que tu ne veux pas.

N'oublie jamais que c'est
l'acception avec ton cœur
qui crée la réparation, la guérison,
et non pas le refus.

Deux choses peuvent alors arriver :
soit le problème persiste, mais il ne te dérange plus,
soit le problème se résout de lui-même
parce que tu as cessé de te battre contre lui.

Chaque expérience douloureuse t'est envoyée
parce que tu as la force de la dépasser,
mais aussi parce qu'elle te permet de travailler
sur tes peurs et t'oblige
à lâcher prise et à faire confiance.

La traversée du pont

On pourrait imager notre évolution spirituelle comme la traversée d'un pont.

1

Au départ, nous sommes au pied du pont (c'est notre vie actuelle, insatisfaisante). Nous nous posons beaucoup de questions auxquelles nous ne trouvons pas de réponses.

2

Puis nous décidons d'avancer sur ce pont, d'aller vers le nouveau.

3.

Les débuts de cette traversée son assez agréables. On est joyeux·se, on essaie de convaincre tout le monde que nous avons la solution à tous les problèmes, on se met à jouer au « sauveur ».
Arrivés au milieu du pont, l'enthousiasme s'estompe. Nous sommes en proie au doute, au découragement ; on a perdu beaucoup de nos repères, changé beaucoup de croyances. Nous avons le vide sous nos pieds, nous n'avons plus de protection, nous sommes livré·e·s à nous-mêmes. Notre souffrance a atteint un tel niveau que nous nous sentons perdu·e·s. En réalité, nous sommes enfin en contact avec notre vide intérieur, car nous avons enlevé tout ce qui le recouvrait lorsque nous entamions la traversée du pont.

4

Surgit alors l'idée que ce n'était peut-être pas si mal avant.

5

Pour ceux qui ont eu la détermination et le courage de ne pas revenir en arrière, la foi les habite et ils continuent d'avancer.

6

Le bout du pont est proche. Ils commencent à sentir les effets d'un monde nouveau, plus lumineux, ils se sont détachés de beaucoup de doutes. Une énergie nouvelle les habite. Ils commencent à sentir le Divin en eux et autour d'eux. La quête du pouvoir, de l'argent et de la compétition les quitte… Ils jouissent davantage du contact de leur propre corps, sentent leur incarnation terrestre et commencent à goûter à la joie de se sentir vivants, détachés des frasques de l'ego. Ils ne cherchent plus à être « heureux », mais plutôt à être dans la paix intérieure.

7

Ils sont enfin de l'autre côté du pont. Ils sont redevenus ceux qu'ils étaient vraiment, avec ce sentiment permanent de joie, de félicité, de sérénité.

À ce moment-là, leur conscience s'ouvre au fait que chacun·e suis son chemin, qu'il n'y a pas de chemin supérieur à un autre, que tout ce qui existe est exactement à sa place. L'envie de convaincre qui que ce soit les a quittés. Leur cœur s'ouvre à toute la création. Tout devient pour eux une source de découverte.

Peu importe s'ils arrivent ou pas à ce qu'ils veulent, peu importe qu'ils soient ou pas ce qu'ils désirent, car de toute façon *ils sont*.

Bonheur

Il y a un bonheur immense
à rendre d'autres personnes heureuses
en dépit de ses propres soucis.

La peine partagée est la moitié de la douleur,
mais le bonheur, une fois partagé, est double.

Si tu veux te sentir riche,
il te suffit de compter
toutes les choses que tu possèdes
et que l'argent ne peut acheter.

Aujourd'hui est un cadeau,
c'est pourquoi il s'appelle le présent.
Aujourd'hui, le présent est la seule réalité,
c'est pourquoi il s'appelle le bonheur.

Affirme-toi

N'accepte plus qu'on t'humilie,
qu'on te rabaisse
ou qu'on te culpabilise.

Cependant, sache que ceux qui te traitent ainsi
le font parce qu'une partie de toi le fait aussi.

Ce qui ne signifie pas
qu'ils aient le droit de continuer à le faire,
mais qu'ils sont sur ton chemin
pour te permettre d'accueillir
les parties blessées de ton enfant intérieur
qui réclame ton attention, ta validation
et ton amour.

Par moments, tu devras affronter
le vent, le froid et les grandes douleurs.
Quand la tempête soufflera fort,
tu devras rester ferme,
car elle n'essaie pas de t'écraser,
elle essaie vraiment de t'apprendre
à être invincible.

Tu es venu·e sur Terre pour aider les autres,
mais pas avant de t'être aidé·e toi-même.

Le miracle s'accomplira

Tu n'as rien à posséder ni à perdre
puisque tu es ce que tu cherches depuis toujours.

Cet amour inconditionnel
ne suppose aucun attachement,
aucune possession,
mais juste d'aimer pour le plaisir d'aimer
sans rien attendre en retour.

Alors, cesse de t'inquiéter, de forcer,
juste remplis-toi et projette ce que tu veux
comme si tu l'avais déjà, et le miracle s'accomplira.
Cela s'appelle l'incontournable loi de l'attraction,
qui toujours t'apporte ce qui te ressemble.

Tiens bon

Tu n'as pas le pouvoir de revenir en arrière
et de changer tout ce qui s'est passé.
Mais tu as le pouvoir de commencer
à changer maintenant ce qui ne te convient pas
et créer la vie que tu veux vraiment.

Lorsque tu es pris·e dans les filets de la douleur ou de la contrariété,
il est bon de regarder dans ton passé
tout ce que tu as surmonté et qui ressemble
à ce que tu vis maintenant,
puis de réaliser que tu t'en es toujours sorti·e.

Tu pourras alors constater que tu t'inquiètes beaucoup trop
pour des tas de choses qui n'ont vraiment pas d'importance.
Tu feras toujours venir ce que tu crains,
alors, autant cesser de ruminer tes peurs
et commencer à alimenter ton quotidien
de belles choses qui nourrissent ton âme.

Si tu traverses en ce moment une période difficile,
n'oublie jamais qu'elle t'a été envoyée pour apprendre
à revenir à toi, afin de t'aimer sans conditions.
Continue à tenir bon, cultive la patience
et cherche un moyen de vivre cette expérience
en commençant petit à petit à ouvrir ton cœur.

Le don

L'amour, la bienveillance et la gentillesse
ne sont jamais donnés en vain.

Ils sont toujours des cadeaux
qui aident à avancer
et poussent les autres
à révéler le meilleur d'eux-mêmes.

Lorsque tu veux savoir si tu donnes
sans conditions et sans attentes,
observe si tu es déçu·e
le jour où l'autre ne te rend rien
et que tu lui reproches
de ne pas s'être souvenu de ta gentillesse.

La fameuse phrase
« Avec tout ce que j'ai fais pour toi ! »
est l'indication que ton don n'en était pas un.
Ne t'inquiète jamais
de ne rien recevoir en retour,
parce que c'est faux !

Cela te reviendra au centuple
alors que ton esprit ne sera plus désireux
de recevoir quoi que ce soit.

Ne quémande pas l'amour

Souviens-toi que l'amour ne fait jamais d'erreur.
Si ton âme a appelé quelqu'un dans ta vie,
c'est pour une bonne raison.

Que cette personne t'ait apporté
ce que tu souhaitais ou ce que tu redoutais,
en fin de compte, si tu écoutes ton cœur,
ça peut être la meilleure chose qui te soit jamais arrivée.

Ne supplie personne de rester avec toi.
Ne supplie personne de t'aimer.
Celui ou celle qui t'aime n'a pas besoin qu'on le supplie.

Si tu dois quémander son amour,
et, en plus, ne recevoir que quelques miettes de son affection,
sache que ce n'est pas la personne qu'il te faut.
Néanmoins, pour faire venir celui ou celle qu'il te faut,
donne-toi d'abord à toi-même
ce que tu attends qu'il·elle t'apporte.

Laisser de l'amour à l'amour

Laisser partir les amours
qui ne fonctionnent plus.

Leur dire au revoir et merci
d'avoir été là pour nous, malgré tout.

Savoir déposer ses anciens sentiments
au centre de son cœur
et les laisser nous toucher éternellement
pour ce qu'ils nous ont apporté de merveilleux.

Laisser de la place à un nouvel amour,
laisser de l'amour à l'amour.

Ici et maintenant

Je m'aime tel·le que je suis.
Je n'attends plus spécialement d'être approuvé·e
pour me sentir bien avec moi-même.

Je m'approuve dès que je suis fier·ère de moi.
Ainsi, je ne fais plus de pirouettes
pour attirer l'attention des autres sur moi.
Et si je le fais, je l'observe,
et tout simplement je m'en donne le droit,
car je sais que je suis juste dans mes peurs du moment.

Tout est parfait, ici et maintenant.

Je sais que
je suis le Tout
et que le Tout
est amour.

Mon guide intérieur

Sentiments de nostalgie, esprit troublé,
gorge légèrement serrée…
Images et sensations du passé apparaissent
et se succèdent dans mon esprit.

Énergie magnétique lourde qui a envie de s'évader
et de partir ailleurs, à la recherche du paradis perdu,
des amours d'avant, du remplissage et du vide à la fois.
Je ressens un poids, un ralentissement,
une envie de ne rien faire,
juste de respirer et de sentir.

Sentir tout ce passé et ceux que j'ai aimés,
qui sont partis ou qui m'ont quitté·e.
Sentir toute cette vie qui me remplissait
et qui ne m'est plus utile, je le sais, je le sens.
Je te dis au revoir pour ton amour, merci pour ton rejet,
merci de m'avoir obligé·e à ce face-à-face avec moi-même.
Je te dis merci de m'avoir ouvert les yeux
sur l'inutilité de notre relation, sur la superficialité de sa densité.

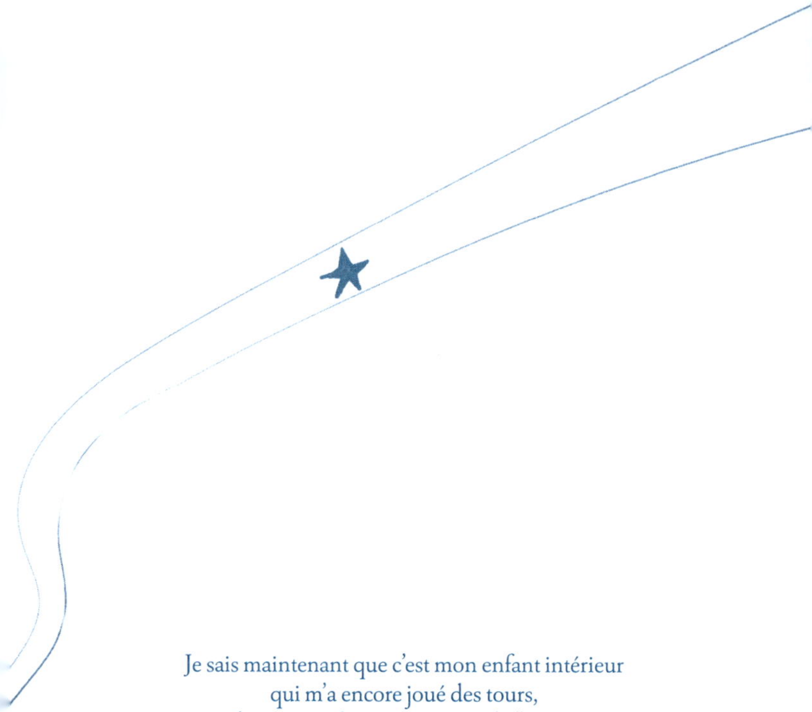

Je sais maintenant que c'est mon enfant intérieur
qui m'a encore joué des tours,
qui s'était servi de toi pour avoir de l'attention,
pour avoir quelqu'un qui l'écoute, qui s'occupe de lui.

Merci à lui, de m'avoir contraint·e à l'écouter,
à le voir et maintenant à le toucher de l'intérieur.
Merci à tous ceux qui m'ont laissé·e.
Je les haïssais, les maudissais ;
quelquefois, je leur souhaitais le pire,
je les épiais et attendais qu'ils tombent.
Aujourd'hui, je dis merci à tous ceux qui ont croisé ma route.
Je commence maintenant à marcher seul·e avec lui,
mon plus grand amour, tous les deux
main dans la main et cœur contre cœur.

Le véhicule le plus précieux

Ton corps est le reflet de ton âme.
Il t'apprend à t'aimer tel·le que tu es
et t'invite à cesser de te comparer aux autres.

Ton corps est ton meilleur ami
et t'indique la voie de l'amour inconditionnel.

Prends grand soin de lui,
car il t'a été prêté lorsque tu es arrivé·e ici
et tu te dois de le respecter
pour le jour où tu le quitteras.

Il ne s'agit pas d'améliorer son état physique,
mais l'état d'une âme régénérée et illuminée
par les expériences et l'amour infini.

Tel·le que tu es

Savoir te célébrer à chaque instant.
Savoir que tu fais une différence par ton unicité.
Te laisser toucher par ta propre présence
et tout l'amour que ton cœur a pour toi.

Être tel·le que tu es et décider
de ne plus jamais être autrement,
de ne plus jamais te trahir
et de ne plus jamais laisser passer les autres avant toi.

T'aimer sans conditions.

Ne cherche pas à tout prix
à être « éveillé·e » ou « conscient·e ».
Beaucoup te disent que tu es ainsi,
mais qui écoutes-tu ?
Celui que tu écoutes a-t-il
vraiment ce que tu recherches ?
Cherche avant tout à t'honorer
et à t'apprécier tel·le que tu es.

Cela suffit. Cela est l'essentiel : être toi.

Se connecter à la Source

Parce que ta vie peut te paraître morose, triste parfois,
que les choses sont lentes et difficiles à mettre en œuvre,
envoie toute ta tendresse au monde, apporte toute ton amitié,
afin que tu saches que tu n'es jamais seul·e
et que tu es constamment aidé·e,
soutenu·e et profondément aimé·e.

Branche-toi à la Source, et demande-lui de t'aider.

La Source coule en permanence dans tes veines.
Il faut juste t'en souvenir,
te connecter à elle, avoir la foi et ne plus t'inquiéter.

Quand le chaos s'empare de toi,
souviens-toi que tu n'es pas le chaos.

Tu es la Source
et la Source ne s'identifie jamais à ce qu'elle n'est pas.

À toi

À toi qui as pu être quelquefois bafoué·e et rabaissé·e.

À toi qui as cru trouver l'amour et qui a été maintes fois déçu·e.

À toi qui as pu être comparé·e et dévalorisé·e.

À toi qui as été trompé·e, abusé·e et trahi·e.

À toi qui as tout donné et à qui l'on a tout pris.

À toi qui as donné la vie et qui a connu la joie d'être parent.

À toi qui ne peux pas ou plus créer, donner la vie.

À toi qui as perdu ton enfant.

À toi qui jouis de l'amour de tes parents.

À toi qui souffres de ne jamais avoir été aimé·e d'eux.

À toi qui te sens libre d'être qui tu veux être.

À toi qui te sens prisonnièr·e et ligoté·e par tes anciennes peurs et croyances.

À toi qui vis l'abondance et la prospérité.

À toi qui vis le manque.

À toi qui jouis d'une parfaite santé.

À toi qui vis souvent avec la maladie.

À toi qui as un corps dont tu es fier·ère.

À toi qui n'apprécies pas vraiment ton corps.

À toutes ces personnes, quelle que soit leur situation,
je lève mon verre à leur inimaginable force de combattantes,
de guerrières, à leur époustouflante capacité
à donner toujours le meilleur d'elles-mêmes.
Je trinque et je salue votre puissance,
sans vous comparer à qui que ce soit.
Vous êtes divines.

Intuition

Sais-tu qu'au fond de toi, quelque chose sait avec certitude
ce qu'il y a de mieux pour toi ?
Il s'agit de ton intuition, qui est juste la connaissance claire,
directe et immédiate
de la vérité qui t'habite, sans que tu aies
besoin de recourir au raisonnement.

Quand tu es en contact avec ton intuition, aucun doute,
aucune peur ne t'habite.
Quelque chose au fond de toi est aligné et
te rend serein·e, joyeux·se et confiant·e.
Tu as tout à coup un regain d'énergie et
la sensation que tout devient possible.

Lorsque tu entends une petite voix intérieure qui te parle
avec douceur et amour,
sache que c'est elle : ton intuition.
Elle ne comporte ni injonction,
ni agressivité, ni peur.
Elle t'envoie une information sous forme
de pensées ou d'images,
et tu te sens immédiatement aligné·e avec elle.

Qui est ta priorité ?

Cesse de constamment porter les problèmes des autres sur ton dos.
Tu as déjà ton lot, alors pourquoi continuer à te surcharger
sous prétexte d'être « une bonne personne » ou « une personne
charitable » ?
Laisse les autres te demander de l'aide,
mais tu as le droit d'accepter, si cela est dans tes possibilités,
ou de refuser.

Tu ne rejettes pas l'autre dans sa demande,
tu rejettes simplement sa demande. C'est différent !
L'amour et l'attention commencent d'abord par toi-même,
et s'il te reste de l'énergie pour le faire,
alors seulement tu peux les donner aux autres.

Si toi aussi tu fais toujours passer les autres avant toi
et que tu te plains souvent qu'ils n'ont aucune reconnaissance,
alors tu peux considérer que tu donnes avec condition et attente.
Peut-être est-il temps que tu apprennes à donner
par amour pour toi et non pas par peur.

Tu es ta plus grande priorité, ne l'oublie jamais.

Tout va bien

Lorsqu'une émotion te traverse,
prends le temps de t'arrêter quelques instants
et demande-toi ce que tu ressens.

Puis, valide ton émotion.
Il n'y a aucune morale à te faire,
aucune explication à donner
et encore moins de justification.

Valide-la simplement, et respire.

Ton enfant intérieur s'est senti accueilli
et accepté dans son chagrin.
C'est tout ce dont il avait besoin.

Avec amour.

**Gratitude
à la vie
et à l'amour
infini.**

Ton rayonnement

Ne perds plus ton temps à essayer de t'expliquer
ou de te justifier avec une personne négative.
Tu ne pourras pas lui faire entendre raison,
car elle n'entendra que ce qui lui convient.
Elle ne t'écoutera que dans le but de te contredire
afin de te plonger dans la confusion.

Passe ta route, ne lis pas ses e-mails, ses textos, ses messages
si tu te sens agressé·e.
C'est tout simplement son but :
te diminuer, te faire douter de toi,
te saper le moral pour te ramener à son niveau.

Quelquefois, ton rayonnement peut déranger
et on voudra t'empêcher de continuer à briller,
car tu montres que la vie est juste et a du sens
à celui qui a seulement envie de croire que la vie est stupide
et ne vaut pas d'être vécue avec joie.

La lumière dérange l'ombre, qui en est envieuse
et fera donc tout pour la détruire afin de cesser
de voir ses propres limites à travers elle.

Tu vis dorénavant en personne responsable
et n'endosse plus le fameux rôle du « sauveur » ou de la « victime ».
Alors, forcément, tu déranges par ton élégance.

Peut-être ressens-tu le besoin de faire du ménage dans tes relations,
mais sans culpabilité ni peur, comme une évidence qui te dit :
« Maintenant, sors tout ça de ta vie, c'est le bon moment. »

Un jour, cela se reproduira et ne m'inquiètera plus.
Plus tu tenteras d'apporter ton éclairage, plus on tentera de t'en empêcher
et plus cela te donnera raison de continuer.

À un moment donné, tu dois juste faire ce qui doit être fait,
un point c'est tout.

Harmonie

Aujourd'hui, vérifie que tu aimes
ce que tu fais, ce que tu vis.

Sinon, tu ne vivras pas en harmonie
avec toi-même,
tu ressentiras beaucoup d'émotions
qui t'empêcheront de te sentir bien.

N'hésite pas à te poser la question :
« Ai-je vraiment envie de continuer
à me forcer à vivre tout ça ? »

Les temps sont venus de t'octroyer de la douceur
et de sortir de la souffrance.

C'est maintenant.

S’aimer sans conditions

Épouse le changement
en ayant la souplesse du roseau.
Plus que jamais, allège ton quotidien
en supprimant tout ce qui ne t’est plus utile.

Éradique les mauvaises pensées sur toi-même.
Fais-toi des compliments
et encourage-toi avec douceur et bienveillance
à suivre ta trajectoire.

Tu es désormais seul·e face à toi-même
pour comprendre que ce que tu cherches est en toi.
Si tu n’y arrives pas, appelle ton guide spirituel ou ton ange gardien.
Tu es constamment aidé·e, soutenu·e et aimé·e.

Puis, libère-toi progressivement de l’inacceptable
en faisant le deuil de tout ce qui ne te rend pas heureux·se.

C’est maintenant,
un peu plus qu’hier
et un peu moins que demain.

Écoute-toi d'abord

Si tu veux recevoir, donne d'abord.
Si tu veux être aimé·e, aime d'abord.
Si tu veux être respecté·e, respecte-toi d'abord.
Si tu veux être écouté·e, écoute-toi d'abord.

Tout ce que tu aimerais que les autres te fassent,
tu dois d'abord le faire pour toi.
Ensuite, par la loi d'attraction,
tout ce que tu vis à l'intérieur
te sera renvoyé à l'extérieur.

Tu es donc responsable à 100 %
de tout ce que tu vis.
Responsable ne signifie pas coupable
mais, au contraire, t'enlève toute culpabilité
et te permet de recontacter ton pouvoir divin.

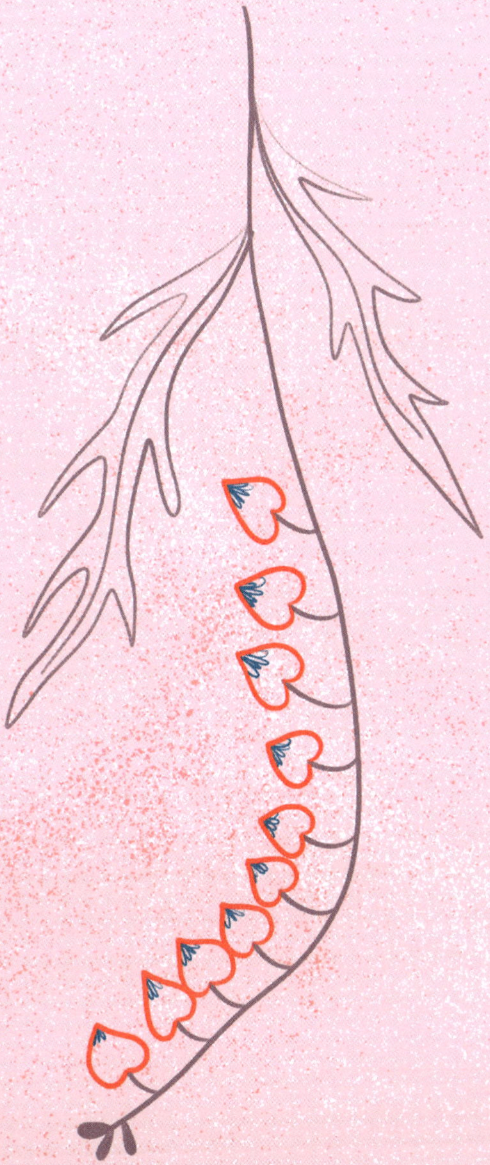

Ne force pas, choisis

Choisis tes relations, ne les subis plus.
Dès que tu te sens mal avec quelqu'un,
pourquoi continuerais-tu de rester avec ?
Les temps sont venus de t'entourer de personnes qui te montrent
à quel point tu es important·e pour elles,
et qui le sont aussi pour toi.

Cesse de te croire toujours obligé·e,
parce que « c'est ton devoir »,
ou encore que « tu n'as pas le choix ».

Même dans tes traditions familiales,
tu n'es jamais obligé·e de te forcer, de subir
sous prétexte que cela s'est toujours fait.

Nombre de personnes subissent des pressions et
obligations familiales
par peur ou par culpabilité,
et non par amour.
Leur vie devient un enfer permanent,
une sorte de cauchemar dont elles n'arrivent plus à sortir.
Elles critiquent alors toute personne se permettant d'être vraie
et la montrent du doigt, la pensent malveillante et égoïste.

Sors de tout cela, vis par amour
et non par peur pour toi ou peur du jugement, des critiques.

Assume la responsabilité de tes choix
même si ceux-ci ont pour conséquence
de t'éloigner de certaines personnes.

Fini le « forcing » ! Vive l'amour, le vrai.

Je frissonne
d'amour
au contact
de mes sens.

Plus grand

Quelquefois, dans ta vie, tout s'écroule.
Ce que tu croyais ferme et établi tombe brusquement sous tes yeux.

Ceux que tu aimais te tournent le dos.

Ceux que tu négligeais te tendent la main.

La certitude de posséder devient totalement incertaine.

D'anciennes émotions remontent alors à la surface,
comme des fantômes que tu étais sûr·e d'avoir tués.

Le vide et le sentiment d'abandon s'emparent de toi.

Mais,

quelque chose de plus grand arrive pour toi.

Alors « l'ancien » n'a plus lieu d'être et doit partir.
Que tu le veuilles ou non, que tu l'acceptes ou non,
il s'impose !

Il te reste à verser quelques larmes d'amertume sur ton passé.

Il te reste à le remercier, à lui dire au revoir.

Et surtout, il te reste à aimer ce qui est là,
comme un cadeau divin,
comme une source d'amour infini.

Ton espace

Lorsque la confiance te nourrit,
tu n'as plus peur d'être toi-même.

Tu vis exactement ce qu'il te plaît de vivre,
et tu ne prêtes plus attention à ce que les autres
pourraient dire ou penser de toi.

Tu sais que l'autre se juge lui-même lorsqu'il te juge
et que ses critiques n'appartiennent qu'à lui.

L'avenir ne te fait plus peur,
le passé ne t'intéresse plus,
seul le présent et tout son espace magique
te remplissent de joie.

Tu sais que seul l'amour t'apporte la joie
et que la compassion nourrit ton âme.

Tu ne cherches plus à être parfait
et tes handicaps deviennent ta plus grande force.

Tu te sers d'eux pour aller vers ton but,
tu ne résistes plus et tu te laisses guider.

Tu vois chaque chose, chaque être, chaque situation
comme un enseignement qui t'éclaire sur
là où tu en es avec toi-même.

Tu acceptes de t'abandonner dans les bras de la vie,
vie généreuse qui répond à chaque instant
à tous tes besoins les plus profonds.

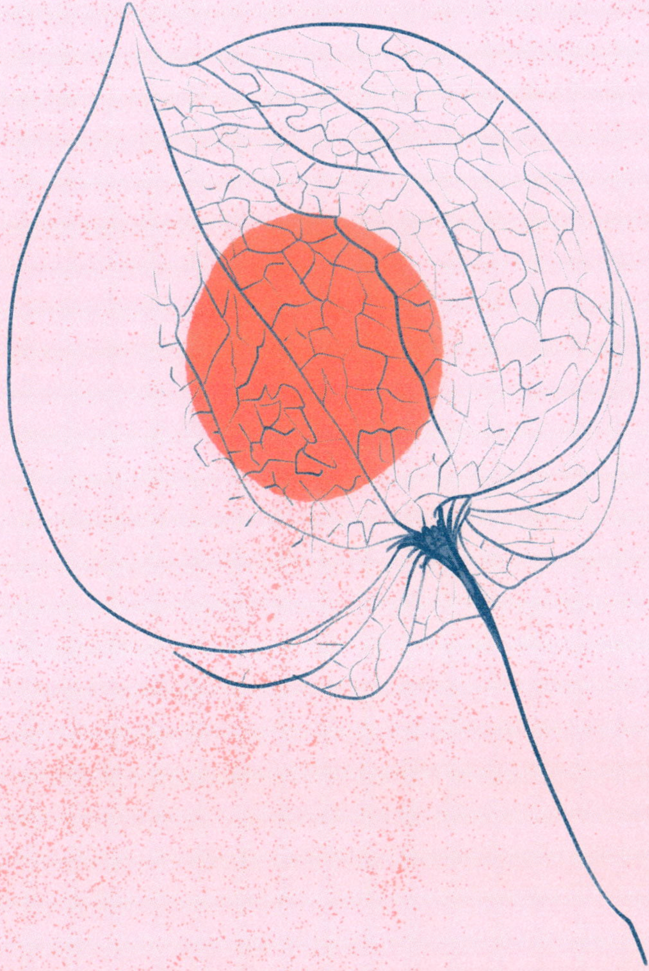

Regroupons-nous

Une chose est sûre :
aujourd'hui, il est mieux de ne plus voyager seul·e !
Le moment est venu de nous regrouper
et de partager la joie de créer ce que nous voulons.

Hommes et femmes,
levons-nous et brisons nos préjugés et peurs du passé.
Donnons-nous la main
et apprenons à nous faire confiance.
La « trahison » existe si elle est déjà à l'intérieur de soi,
l'autre n'étant que notre reflet.

Accueillons avec amour nos parts d'ombre
et acceptons que le chemin soit quelquefois difficile.
Ce n'est pas parce qu'il est ardu
que l'on doit baisser les bras.
Stimulons nos ami·e·s qui sont en proie
au découragement et à l'épuisement.

Nous sommes déjà passés par là
et peut-être cela nous arrivera-t-il encore.

Nous avons besoin de l'autre pour apprendre à nous aimer.

À l'aube de ma vie

À l'aube de ma vie,
je goûte à tous les instants.
Je me délecte de tout ce présent.
Je me réjouis de ce qui est.

À l'aube de ma vie,
j'ouvre mes mains pour recevoir.
J'ouvre mon cœur pour donner.
Je tends mes bras pour embrasser.
J'inspire et j'expire au rythme du jour.

À l'aube de ma vie,
je continue d'entretenir tout ce que j'aime.
Je sublime l'essence de mon être.
Je laisse partir ce qui ne me convient plus.
Je me détache de l'espace-temps.
Je suis l'unique créateur de ma vie.

À l'aube de ma vie,
je prends conscience que tout est éphémère.
Je saisis la chance d'être incarné·e ici et maintenant.
Je me prépare au grand voyage tout en me délectant
d'être encore ici.
Je laisse l'âge prendre possession de mon corps
sans peur, sans résistance, en pleine conscience.

À l'aube de ma vie,
je renais tel un enfant,
pur·e et émerveillé·e de toute cette vie,
de ce miracle permanent et brillant comme un diamant.

Rien à changer

Tu n'as rien à changer,
rien à prouver,
rien à transformer.

Tu as juste à t'aimer avec tes imperfections,
tes limites et toutes tes peurs.

C'est beaucoup plus simple
que de vouloir être quelqu'un d'autre que
ce que tu es vraiment.

Lorsque la paix en toi sera complète,
tu ne seras plus en lutte contre toi-même
et tu pourras te révéler
en te montrant au monde entier,
sans peur, tel·le que tu es.

Nous sommes un

J'ai besoin de douceur.
J'ai besoin de compassion.
J'ai besoin d'une écoute totale.

J'ai besoin d'une force qui me porte
et qui m'élève vers les plus hautes sphères
de la plénitude absolue.

J'ai besoin d'attention.
J'ai besoin de bienveillance.
J'ai besoin de tendresse.
J'ai besoin de protection.
J'ai besoin d'un écho à mon âme.
J'ai besoin de me retrouver totalement.
J'ai besoin de moi.
Nous sommes un.

Être responsable

Attends-toi à semer ce que tu récoltes.
Ce processus est appelé loi de l'attraction ou « effet boomerang ».
Il est incontournable
et personne ne peut réellement le contester.

Seule peut le contester la partie victime en nous
qui ne tolère pas qu'elle puisse être responsable
de son malheur ou de ses difficultés.

Être responsable ne veut pas dire être coupable.

Être responsable signifie avoir le plein pouvoir sur sa vie,
et que, si on est sorti·e de l'alignement,
on a tout autant le pouvoir d'y retourner.

Tout est juste dans l'énergie divine,
seul l'ego, qui est une énergie mentale,
croit à cette notion d'injustice.

Réconciliation

J'accueille ce jour qui se lève,
je suis heureux·se de sa venue.
Je prends dans mes bras ce qui vient,
je me nourris de chacun des événements qui se succèdent.

Je prends les difficultés comme des défis.
Je respire l'énergie présente dans tout ce qui est.

La vie et la mort : quelle importance ?
Aujourd'hui, hier ou demain : quelle différence ?

Je sais que je suis dans une grande pièce de théâtre
et que me faire du souci conduit progressivement à ma perte.

Je sais que je suis né·e pour aimer
et que me ravir de ma propre présence
est le signe que je vois les autres tels que je me vois.

Tout est amour.
Je le sais.
Je le vis.
Je le respire.

Alors, je décide d'avancer pas à pas vers mon éternel chemin,
celui de ma réconciliation avec moi.

Gratitude pour tout ce que l'on m'a donné :
mon corps, ma famille et toutes mes expériences.

Je reconnais mes dons et mes talents.
Sans aucune fausse modestie,
je les exploite dans une pure joie
qui me rend profondément vivant·e, heureux·se et incarné·e.

Je ressens
par toutes les fibres
de mon corps.

Le contentement

Je suis dans le contentement de ce qui est là,
juste devant moi.

Je suis dans le contentement de savourer cette vie
qui circule en moi.

Je suis dans le contentement d'être celle ou celui
que je suis.

Je suis dans le contentement de voir mon reflet
dans le miroir des autres.

Je suis dans le contentement,
même si ce que je veux n'est pas encore arrivé.

Je suis dans le contentement,
car je sais que tout est déjà réalisé dans mon plan divin.

Je suis dans le contentement que l'univers me porte
et me protège à chaque instant.

Je suis dans le contentement,
tout simplement.

Dans cette vie

Quelquefois, malgré un travail sur toi très approfondi,
malgré un changement d'alimentation, de pensées, de croyances,
malgré un travail sur ton physique, sur ta santé,
une détoxination des cellules,
malgré un changement de fréquentations, de conjoint·e, de travail,
malgré une thérapie, la méditation, un travail sur le souffle,
malgré des révélations chez des médiums,
des astrologues ou numérologues,
malgré des prières, des mantras et des invocations
maintes fois répétées,
tu ne trouves pas d'apaisement.

À chaque changement,
tu perçois rapidement des avantages et des bienfaits
qui te font croire que tu es enfin délivré·e.
Et puis le problème, la douleur ou l'angoisse reviennent.

Dois-tu tout arrêter ?
Dois-tu, découragé·e, abandonner le combat pour ta délivrance ?
Dois-tu douter de toi, de tous, du monde et de la vie ?
Je te le dis : non !

Tout cela est un passage obligatoire afin de pouvoir
ressentir ta détermination.
Tout cela est la réponse à tous tes ascendants
qui ont souffert avant toi et n'ont jamais pu totalement se délivrer,
faisant résonner en toi tous ces non-dits,
ces souffrances de l'âme, qui,
parfois, ne se sont tus qu'avec la mort du corps.

Tu es ici pour cette mission : te délivrer et
délivrer ceux qui sont passés avant toi.
Seul l'amour que tu te porteras inconditionnellement
apportera une issue à ce drame qui se joue depuis si longtemps.
Honore ton grand-père, ta grand-mère, tes parents,
tes oncles et tantes,
et tou·te·s ceux·celles qui, dans ta lignée, sont né·e·s avant toi.
Ouvre la porte de ton cœur,
et tu leur permettras d'ouvrir le leur, mettant fin à cette souffrance.
Et si cette vie ne le permet pas encore, ne te décourage pas :
tu reviendras pour poursuivre ta quête divine.

Dualité

Il y a des moments où tu vois le monde
à travers le regard sombre
de ta propre vision pessimiste.

Il y a d'autres moments où ton exaltation,
ta joie et ton envie d'aimer
se propagent sur toute la planète.

Le bonheur et la félicité,
c'est lorsque que tu réunis ces deux facettes
et que tu les fusionnes au centre de ton cœur
afin que leur dualité ne soit plus un obstacle
pour aimer.

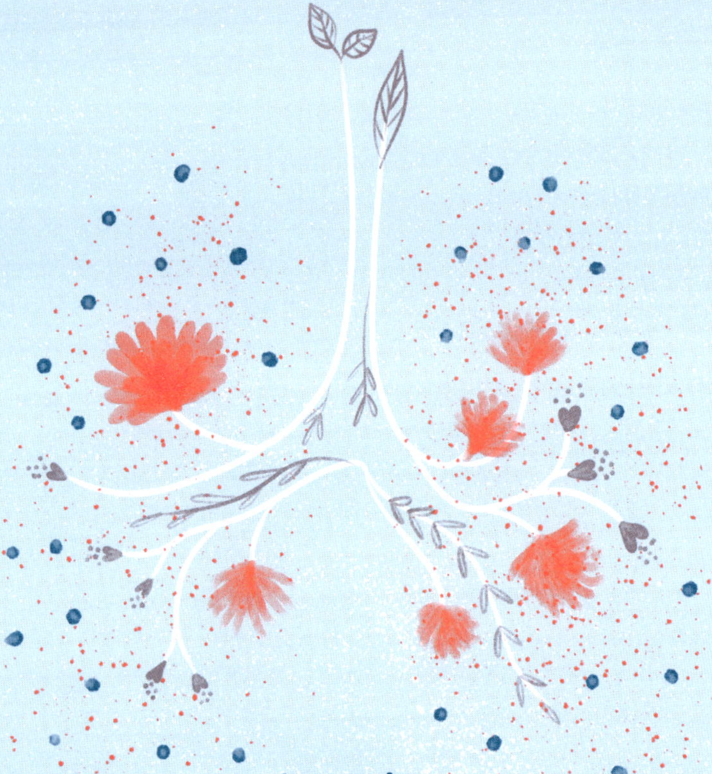

Je respire
à pleins poumons
la magie de l'instant.

Je choisis maintenant la douceur

J'ai dû me battre et résister longtemps.
J'ai voulu prouver aux autres que j'existais.

J'ai quelquefois forcé la reconnaissance.
J'ai lutté contre ceux qui voulaient me résister.

J'ai rompu, trahi, repris, jeté et rejeté.

J'ai recommencé cent fois par colère ou par souci de perfection.

J'ai expérimenté, revendiqué, parfois avec agressivité.
J'ai hurlé, haï et aimé avec tant de violence.

Aujourd'hui, je baisse les armes
parce que tout cela m'a ereinté·e, exténué·e.

La maladie souvent m'a terrassé·e
et mon corps capitulait devant tant de violences.

Mais, maintenant j'ai compris
que je n'avais plus besoin de tout cela.

Aujourd'hui, j'ai compris que la douceur était ma vraie nature
et qu'elle était aussi mon nouveau maître.

Tu dis merci

Quand tu commences à te nourrir et à t'hydrater
et que tu prends conscience que tu peux manger et boire, tu dis :
« Merci ».

Quand tu te déplaces, que tu pars travailler
et que tu sais que, toi, tu as un travail, tu dis :
« Merci ».

Quand tu regardes tout autour de toi les formes, les couleurs
et que tu t'aperçois que tu as tes yeux pour voir, tu dis :
« Merci ».

Quand tu sers ton enfant dans tes bras,
quand tu étreins celui ou celle que tu aimes,
que tu t'émerveilles de ne pas être seul·e et d'être aimé·e, tu dis :
« Merci ».

Quand tu rentres le soir chez toi et que tu sais
que tu as un toit, du chauffage, de l'électricité, de l'eau
et que tu te rends compte que tu as beaucoup, tu dis :
« Merci ».

Quand tu vois tes cheveux blancs et tes rides apparaître,
que tu avances en âge et que tes mouvements sont plus lents,
tu souris d'être encore là et que tout soit encore possible, et tu dis :
« Merci ».

Quand tu vis des expériences douloureuses
et que tu comprends leur sens et que, grâce à elles,
tu ouvres plus ton cœur à toi-même, tu dis :
« Merci ».

Quand tu t'enthousiasmes de tout et de rien,
que tu vois la lumière et la beauté partout,
que ton âme est emplie par le simple fait d'être, tu dis :
« Merci ».

Les regrets,
les « Si j'avais su »
ou
« J'aurais dû »
ne m'intéressent plus.

Je vis dans la simplicité

Je considère chaque événement pour ce qu'il est
et non pour ce qu'il réveille en moi.

Je contemple chaque chose avec émerveillement
et non en l'interprétant.

J'écoute chaque personne avec mon cœur
et non avec ma tête, qui n'entend que mes propres projections.

J'ouvre mon cœur à chaque événement,
chaque personne et chaque chose,
dans l'émerveillement, la joie et la simplicité.

Veux-tu continuer à te plaindre ?

Celui ou celle qui se plaint éternellement de ne pas être aimé·e
et qui prétend que la vie n'est pas amour
peut effectivement trouver toutes les preuves du monde
pour étayer sa croyance.

Mais est-il·elle heureux·se de continuer à se lamenter,
à se nourrir de tous ces malheurs en en parlant,
en critiquant, en se révoltant ?

N'est-il·elle pas fatigué de se battre contre des moulins à vent,
contre des situations où, apparemment,
il·elle n'a pas et n'aura jamais aucun pouvoir ?

Si tu n'as pas l'amour que tu veux,
demande-toi si tu en sèmes suffisamment.

Si tu regardes constamment tout ce qui te fait horreur
et que tu le nourris par ta colère et ta désapprobation,
tu continues de participer à toute cette horreur.
Mais si tu veux la voir se dissoudre aux yeux de ton cœur,
tu dois lui donner le droit d'exister,
car elle participe à ta propre évolution.

Cette horreur se fond aussi dans l'essence de l'amour pur,
elle n'attend que ton regard bienveillant pour se transformer.

Là où tu mets ton énergie, tu mets du pouvoir,
tu deviens ce à quoi tu penses le plus souvent.

Aime d'abord
et tu seras aimé·e par le monde entier.

Il n'est jamais trop tard

Il n'est jamais trop tard
pour aimer,
se pardonner, pardonner les autres
et vivre juste l'instant présent
en se rappelant que demain n'existe pas encore,
et qu'il n'est pas important.

Il n'est jamais trop tard
pour ouvrir ses yeux,
écouter,
sentir,
respirer
et s'abandonner à la grâce d'être.

Il n'est jamais trop tard
pour appeler quelqu'un qu'on aime
et lui faire savoir qu'il·elle compte pour nous.

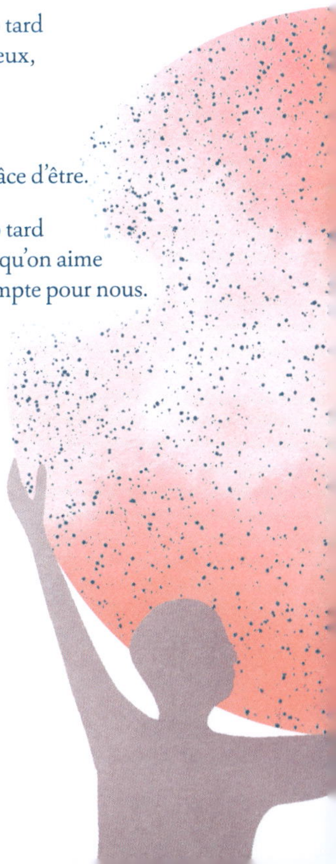

Il n'est jamais trop tard
pour se prendre en main,
se soigner et prendre soin de soi.

Il n'est jamais trop tard,
même si l'on est âgé·e, fatigué·e ou malade,
pour lâcher prise et ouvrir son cœur.

Il n'est jamais trop tard
pour accepter notre situation quelle qu'elle soit,
ne plus y résister et s'y abandonner.

Il n'est jamais trop tard
pour s'aimer
et aimer toute la création, tout simplement.

Vers la lumière

Ne t'occupe pas de ceux qui te critiquent
parce que tu parles d'amour, de joie, de paix et de sérénité.

Plus tu es persécuté·e,
plus tu mets le doigt sur quelque chose d'important :
la peur de l'ego qui craint de mourir si l'amour vient le remplacer.

Plus tu montes vers la lumière,
plus tu éclaires les parts d'ombre qui se sentent profondément menacées.

La Terre reçoit tellement de lumière et d'amour
que toute la noirceur augmente
pour ne pas risquer de disparaître.

Alors, sachant cela, tu as la preuve que tu es sur la bonne voie.
Ne t'arrête plus, relève à chaque fois la tête
et monte au-dessus de toutes ces agitations.

Rayonne, rayonne, rayonne, et rien ne pourra plus t'atteindre.

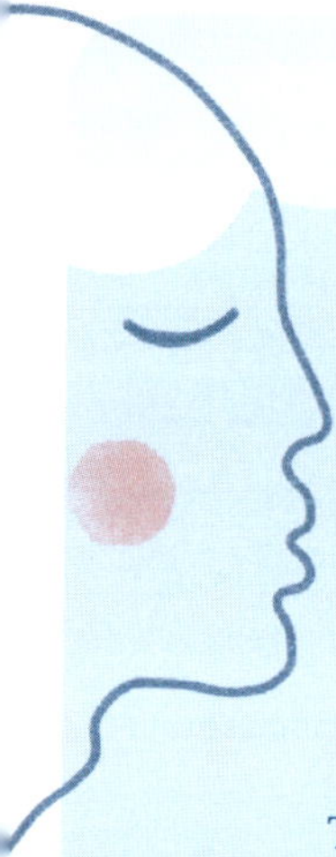

Tout sert

Aucune situation difficile
n'est insignifiante ou inutile.

Tout, oui absolument tout, sert à t'apprendre
à t'aimer sans conditions,
afin de pouvoir en faire de même
avec ceux que tu aimes.

En ce sens, l'injustice n'existe que
sur le plan mental,
pas sur le plan spirituel.

Ressasser toujours les mêmes problèmes
et te poser en victime
ne fait que te rendre prisonnier·ère de
ce que tu ne veux pas.

Être libre

Être libre,
c'est se donner le droit
d'être tout ce que qu'on est,
même ce qu'on n'aime pas être.

Être libre,
c'est accepter par moments
d'avoir besoin de l'autre,
de ne pas aimer se sentir seul·e et incompris·e,
et en quelque sorte d'être dépendant·e.

Être libre,
c'est accepter par moments ses réactions
de colère et de revendication,
l'envie de se contrôler ou de contrôler les autres
pour ne pas se faire avoir,
désirer être seul·e,
en quelque sorte d'être indépendant·e.

En réalité, on peut qualifier la liberté d'« autonomie »
qui signifie : se donner le droit d'être dépendant·e autant
qu'indépendant·e.

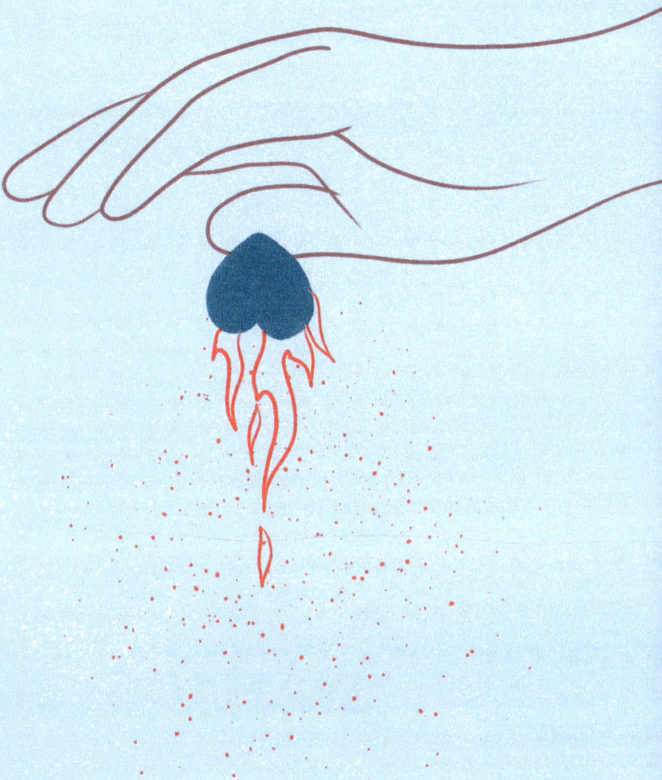

Immortelle

Dans les moments de paix, de calme et de sérénité, tu profites de ces instants pour élever plus haut ta conscience et ouvrir encore plus grand ton cœur, et tu remercies d'avoir la chance d'être tout ce que tu es, de posséder tout ce que tu as, même si c'est peu, même si cela te paraît insuffisant, car c'est cela qui est important.

Dans les moments de tourments, tu te rappelles qu'il y a toujours une réponse à tes problèmes, que ce n'est pas parce qu'en ce moment tu ne trouves pas la réponse ou la solution que rien ne changera jamais.

Si dans l'instant tu ne peux rien changer ni transformer, tu peux juste te rappeler que ton âme a choisi cette expérience douloureuse pour te guérir de quelque chose de particulier.

Tu sais que la réponse est toujours en toi et, en attendant, tu n'oublies pas de demander de l'aide à des personnes ou des forces en lesquelles tu as confiance et en lesquelles tu crois.

Il est difficile aujourd'hui d'y arriver seul·e, et personne ne te le demande.

Rappelle-toi que ton âme est immortelle et
que tu es de source divine.

Rappelle-toi que, sous l'apparence de ton enveloppe physique, tu es
la lumière du monde et que tu as besoin de toi
tel·le que tu es véritablement !

Prends soin de toi, fais ce qu'il faut pour améliorer ton existence si cela s'avère nécessaire, mais prends ton temps, on ne peut pas tout transformer en quelques heures ni même en quelques jours.

Ce qui compte, ce n'est pas le temps que tu mettras pour y arriver.
Ce qui compte, c'est la qualité de l'amour que tu y mettras.

Profite des moments de paix pour te « vitaminer », te nourrir d'un amour inconditionnel si puissant qu'il pourra à lui seul t'aider à tenir le coup pendant la tempête et t'amener jusqu'à la victoire finale !

Avance libre

Ne laisse pas une mauvaise journée
te donner l'impression d'avoir une mauvaise vie.

Aujourd'hui, c'est comme ça,
demain sera différent.

Accueille ce moment présent
et respire tout ce qu'il t'apporte, même si
ce n'est pas confortable.

Prends le temps de sentir ce qui t'habite
et cesse de faire le tri entre
« bien » et « pas bien ».
Prends tout, et avance libre.

Je dis oui, encore

Je dis oui à ce jour qui se lève.

Je dis oui à tout ce que la vie me propose.

Je dis oui à tout ce que je ne peux pas encore enlever de ma vie.

Je dis oui à mon corps, à ce qu'il vit et ressent.

Je dis oui à toutes mes émotions.

Je dis oui à mon enfant intérieur.

Je dis oui à tout ce qui est là.

Je dis oui à tous les cadeaux qui m'arrivent.

Je dis oui au mouvement incessant qui me traverse.

Ce n'est pas un oui de soumission, c'est un oui qui dit :
« Merci pour tout ce que la vie m'envoie,
car c'est exactement ce dont j'ai besoin pour
me rapprocher de moi. »

Gratitude.

Le jour où tu t'éveilles

En t'éveillant, tu commences à prendre conscience
que tu n'es plus la même personne qu'avant.

Les situations que tu supportais par peur ou par obligation
te sont maintenant devenues intolérables.

Les moments durant lesquels tu préférais te taire
ne font désormais plus partie de ta réalité.

Aujourd'hui, tu commences à oser dire ce que tu penses vraiment.

Là où tu avais l'habitude d'entretenir
des conflits inutiles et sans fin,
tu choisis de garder le silence.

Tu commences à honorer la belle personne que tu es,
et il y a certaines situations qui ne méritent plus
que tu leur consacres ton temps, ton énergie et ton attention.

Je suis la vie

Je suis mon propre portrait,
ma propre peinture.

Je suis mon propre livre,
ma propre écriture.

Je suis mon propre enfant,
mon propre passé.

Je suis ma propre Terre,
ma propre matrice.

Je suis mon propre enfantement,
ma propre gestation.

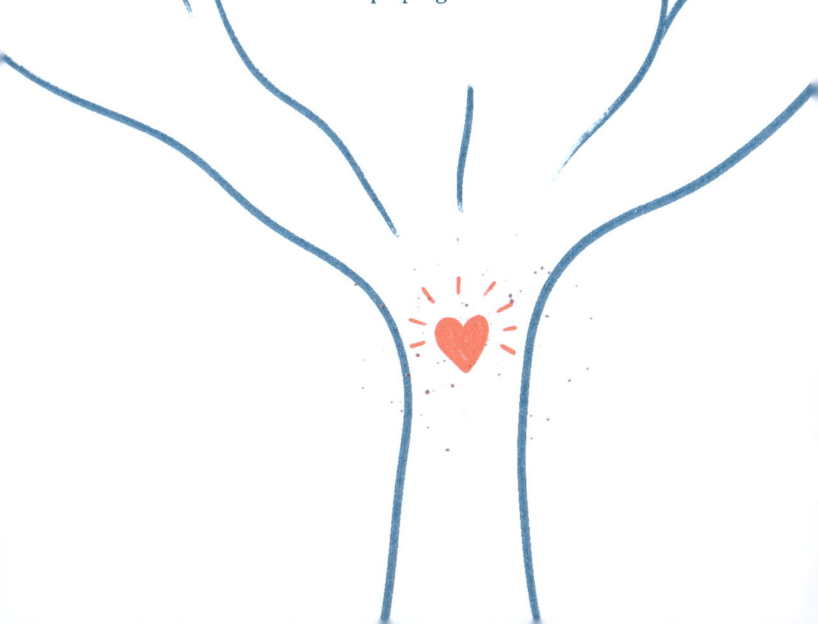

Je suis le passé,
le présent et l'avenir.

Je suis toutes les émotions
et tous les sentiments.

Je suis la vie,
l'entre-vie et l'au-delà.

Je suis ici,
ailleurs et partout.

Je suis humain·e.

Je suis la vie.

Dire merci après un compliment

Sais-tu dire merci lorsqu'on te fait un compliment ?
Ou bien es-tu du genre à répondre :

« Oh, tu sais, je n'ai pas de mérite, depuis le temps que je fais cela ! »
« Tu parles, c'est ancien, je le mets parce ça traîne dans l'armoire... »
« Bof, ça ne m'a pas coûté cher, je l'ai acheté en solde. »
« De rien. », « Y'a pas de quoi. »

Au lieu de :

« Oh, merci, je suis très touché·e ! »
« Oui, c'est vrai que j'ai du mérite de faire ça depuis si longtemps.
Je te remercie du compliment. »
« Merci. Moi aussi, je trouve cet objet magnifique. »
« Avec plaisir ! »
« Je t'en prie ! Ça m'a vraiment fait plaisir. »

Tu ne valides pas l'autre lorsque tu ne lui dis pas
tout simplement merci,
et il se sent rejeté.

Tu peux alors constater qu'au bout d'un certain temps,
il s'éloigne progressivement de toi,
sans que tu en comprennes la raison.

Dire merci à l'autre, c'est lui montrer à quel point tu es touché·e
par ses propos et valide avec lui ton importance,
ce qui lui permet à son tour de se sentir important.

Accomplir

La vie est profondément généreuse et souhaite ton bien.
Elle t'envoie encore des situations à affronter,
non pas parce qu'elle est « dure », mais, bien au contraire,
parce qu'elle t'aime infiniment.

Sans ces situations douloureuses,
il est très vraisemblable
que tu ne te réveillerais jamais de ton long sommeil.

Tu as traversé de nombreuses expériences
dont certaines étaient à la limite du supportable,
car tu résistais à tout ce que la vie te présentait.
Tu avais peur de souffrir à nouveau,
tu avais peur de refaire confiance,
tu avais peur d'ouvrir ton cœur,
tu avais peur de te pardonner, et surtout de t'aimer…
En clair, tu avais peur de tout.

Aujourd'hui, bien sûr, tu as encore des peurs basées
sur ton ancien système de valeurs,
mais tu commences à les accueillir régulièrement,
à leur laisser de la place, à leur donner le droit d'être.

Alors, sache que cet amour est vraiment partout,
c'est juste que tu es encore trop aveuglé·e
et focalisé·e sur tes problèmes personnels,
que tu n'es pas encore en mesure de le voir
et surtout de le recevoir.

L'amour est la seule et unique énergie universelle qui rassemble,
apaise, nourrit, fait grandir, guérit, donne la joie de vivre,
en clair, qui peut tout accomplir.

Avec tout mon amour.

Reste ouvert·e et apprends

Si des propos te blessent dans une conservation,
essaie de les clarifier avec ton interlocuteur,
sans l'accuser de ce qui a pu te froisser.
Ne fais pas de supposition,
peut-être as-tu mal compris.
Tu pourras alors, bien plus souvent que tu ne le penses,
découvrir que seule ta blessure de rejet,
d'abandon ou d'humiliation a été réactivée,
et cela, sans aucune volonté de sa part.
Reste ouvert·e chaque jour aux enseignements de la vie,
car tu vas apprendre à aimer à chaque instant.

Guérir

La guérison des blessures d'âme
se fait progressivement,
au rythme de l'amour
que tu es en mesure de t'accorder.

Ne cherche pas à guérir trop vite,
il faut du temps pour que chacune de tes cellules
soit reprogrammée sur une nouvelle énergie d'amour
qui correspond à celui ou celle que tu es en train de devenir.

Tu peux remarquer que certaines choses qui te bloquaient
partent ou font des allers-retours.
Donne-leur le droit d'être encore là pour l'instant,
car tu en as encore besoin.

Continue à t'accueillir
et à t'aimer sans conditions,
le reste suivra.

Ne demande pas comment faire,
ni combien de temps cela durera encore.
Tu ne ferais que ralentir le processus de guérison
par tes doutes et ton manque de confiance.

Ne cherche plus à guérir, cherche seulement à aimer.

Tu existes

Tu es souvent victime
de ton manque d'amour de toi-même,
rien d'autre.

Apprends à te reconnaître
en tant que puissance divine
et tu te verras avec la même splendeur
et le même rayonnement.

N'aie pas peur d'être critiqué·e :
c'est la preuve que tu existes,
que tu avances, que tu es quelqu'un d'important.

Pendant qu'on te critique, on te remarque.
Tout va bien.

Quiétude

Tu ne peux que continuer
à expérimenter les mêmes leçons, jour après jour.

Chercher de la nouveauté
et t'enfuir de cette école qu'est la vie,
c'est te perdre dans les méandres de la souffrance.

Ton mental se projette toujours
sur quelque chose à faire plus tard
et se concentre sur cette idée.

Cela l'empêche de se reposer, de prendre des vacances
et de méditer avec toi dans l'amour et l'instant présent.

Ton mental aimerait tant s'allonger sur une chaise longue
avec toi et jouir de ne rien faire.
Mais il voit bien que tu ne le souhaites pas vraiment,
il voit bien que tu continues à alimenter tes peurs et à nourrir tes projections,
c'est pour cela qu'il essaie constamment de te protéger,
il a peur que tu souffres davantage
parce qu'il sait que tu n'es pas centré·e et en paix.

Fais face, chaque jour, à chaque instant,
et observe ce qui est, prends du plaisir à cela,
au lieu d'attendre que demain soit mieux.
Demain ne sera pas mieux.
Demain tu auras le même espoir pour après-demain, et ainsi de suite.

Vivre juste l'instant présent apporte la quiétude que tu recherches tant.
Cela ne contient pas de fuite dans le passé ni le futur,
cela contient ce qui est profondément là.

Es-tu prêt·e ?

Quand tout s'écroule dans ta vie,
tu peux être assuré·e
que c'est pour le meilleur.
Sinon, si c'était du solide,
du vrai et ta vérité,
pourquoi cela s'écroulerait-il ?
Prépare-toi juste au nouveau
qui arrivera après,
et cela d'autant plus vite
que tu l'accepteras.

Tu sauras que tu es sur la voie
de l'amour inconditionnel
lorsque le besoin de t'aimer totalement
sera plus fort que ton besoin
de recevoir de l'attention.

Se redresser

Viendra le jour où tes peurs te quitteront.
Cette programmation inconsciente que tu vis en ce moment
existe pour ajouter du contenu à ce qu'il te reste à stocker dans ton
corps de souffrance,
comme des peurs, des culpabilités, des émotions.

Tu as appris ces dernières années que tu devais non seulement
cesser d'alourdir ton panier mental,
mais que tu devais aussi le débarrasser de toutes tes croyances
ancestrales limitées
qui t'ont empêché·e d'être la véritable personne que tu es.

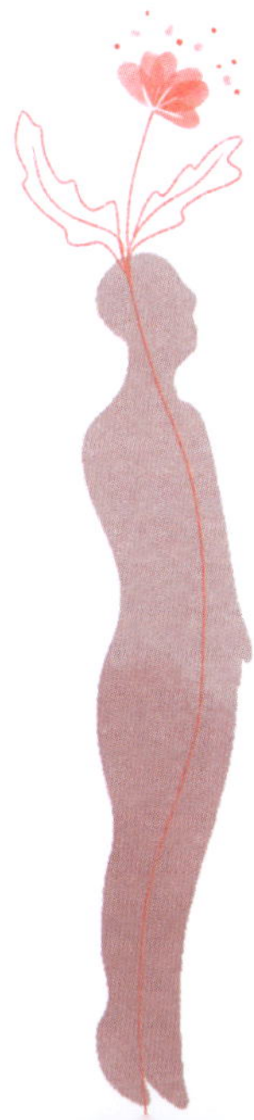

Lorsque ta propre coupe conditionnée sera pleine,
tu pourras enfin avoir la force de te redresser en clamant :
« Ça y est ! Je suis prêt·e à m'aimer, à avancer, à y croire,
à braver toutes les tempêtes pour réaliser
ce que je suis vraiment venu·e faire et vivre ici !
Je n'ai plus de place en moi pour souffrir.
Je devais atteindre ce point de non-retour,
c'est-à-dire mourir en étant vivant·e et renaître de mes cendres !
Je suis plus que jamais vivant·e et cette mort consciente
m'a amené·e à toucher ce qui me bloquait depuis si longtemps.
J'ai pu embrasser mon enfant intérieur, malade et détruit,
et je suis allé·e le chercher pour l'extirper de toute cette violence.
Quel chemin parcouru ! »

Tu dois en avoir maintenant conscience
afin de ne pas tomber dans le découragement.
Unis tes forces et partage ton amour
avec ceux qui en ont le plus besoin, à commencer par toi.

Réveille-toi

Dans une société qui profite du doute de soi
généré par les peurs collectives,
s'aimer soi-même est un acte de rébellion.

La révolution intérieure est en marche,
révolution qui est une décision ferme et définitive
de reconquérir l'amour qui nous habite
et de le laisser rayonner de tout son éclat.

Réveille-toi,
et poursuis ce pour quoi tu es venu·e ici.

La perte

Les ruines et les pertes sont des cadeaux.
Les ruines et les pertes
sont le chemin de la transformation.
Ce peut être des pertes émotionnelles,
relationnelles ou matérielles,
peu importe.

Lorsque tu perds,
tu laisses encore un peu plus
de place pour gagner autre chose.

Lorsque tu n'as plus peur de perdre
ou de laisser partir,
la liberté, la vraie, coule dans tes veines.

L'amour se moque des possessions,
qu'il s'agisse d'objets ou de personnes.
L'amour te veut libre,
totalement libre et détaché·e.

Utilise les choses sans t'y attacher,
aime les gens sans les posséder,
et regarde le sens que prend ta vie.

J'apprends à m'aimer

J'apprends à m'aimer en m'autorisant
toutes mes erreurs passées et présentes.

J'apprends à m'aimer même si je ne me sens pas
désiré·e.

J'apprends à m'aimer même si les autres
ne me regardaient pas.

J'apprends à m'aimer même si on m'a trahi·e
et abonné·e.

J'apprends à m'aimer en me donnant le droit
d'être ce que je ne veux pas être.

J'apprends à m'aimer en acceptant
de ne pas toujours être d'humeur égale.

J'apprends à m'aimer lorsque je ne suis pas aimable
ou agréable avec quelqu'un.

J'apprends à m'aimer lorsque je prends conscience
que je ne me suis pas écouté·e ni respecté·e.

J'apprends à m'aimer même si je vieillis et
que mon corps perd de sa vitalité et de sa beauté.

J'apprends à m'aimer même si
ma mémoire faiblit et ma vue diminue.

J'apprends à m'aimer même lorsque
je ne suis plus désirable et me laisse aller.

J'apprends à m'aimer lorsque
je tombe souvent malade et que je dépéris.

J'apprends à m'aimer lorsque vient
le moment de mon dernier soupir.

Je suis amour.

Être observateur·rice, conscient·e et aimant·e

Quelle que soit la situation vécue,
positionne-toi en observateur·rice conscient·e,
en pointant ton regard
sur l'ensemble de la scène mise en mouvement
par ton mental et accueille tout ce qui est,
sans rien enlever, amenuiser ni changer.

Tout ce que l'on accueille avec un regard bienveillant
revient à sa place originelle sans lutte ni peine,
et permet d'ouvrir notre cœur à la vie qui circule en nous.

La bonne attitude serait de ne plus vouloir
rien qualifier de bon ou de mauvais,
mais d'embrasser l'ensemble de nos créations
et de les ramener au centre de notre cœur aimant.

Tout ce que à quoi tu résistes persiste.
Tout ce à quoi tu fais face s'efface.

Tout est amour. Toujours.

La communication

Énormément de problèmes sociaux, familiaux et intimes proviennent de la difficulté à se parler clairement.

Pour apprendre à communiquer, tu dois d'abord apprendre à écouter véritablement, non pas avec ta tête, mais avec ton cœur.

Tu sais que tu écoutes avec ta tête lorsque tu ne fais qu'entendre des informations sans prêter vraiment attention à la personne qui te les communique.

Tu peux, avant même qu'elle ait fini de s'exprimer, être en train de préparer une phrase dans ton esprit ou tu peux lui couper la parole, tu peux encore être en réaction car ses paroles sont venues toucher une de tes blessures d'âme et t'ont faire ressentir une émotion.

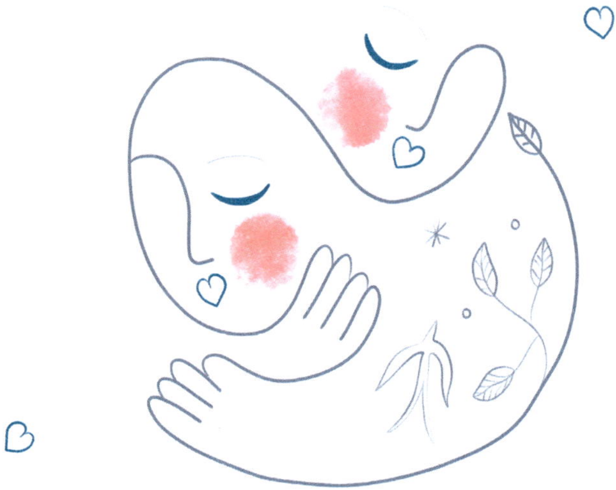

Tu peux aussi profiter de son histoire pour la ramener à la tienne en disant : « Tu sais, j'ai déjà vécu la même chose, je vais te raconter… » et, du coup, l'autre a l'impression que tu ne t'intéresses plus à lui·elle.

Tout cela est l'indice que tu ne communiques pas vraiment avec ton cœur.

Pour communiquer avec ton cœur, tu peux poser à l'autre des questions, lui demander de te donner un exemple ou ce que cela lui fait vivre intérieurement, de façon à ce que qu'il·elle se sente vraiment entendu·e.

Tu sauras que ta communication est bonne lorsqu'une émotion sera vécue des deux côtés et que votre relation en sera grandie et enrichie.

Petit pas

Le petit pas que tu fais aujourd'hui, même le plus infime,
est le geste nécessaire et suffisant pour créer ton lendemain.

Peut-être as-tu l'impression que ce n'est pas grand chose,
que ce n'est pas suffisant ou que ça ne va pas assez vite.
Sache que tout cela est faux, car tu fais
de petites choses extraordinaires aux yeux de l'âme.
Tu mets en pratique ce dont tu as besoin en ce moment
et tu avances à ton rythme,
car il te faut du temps pour l'intégrer.

Tu fermes des portes pour doucement en ouvrir de nouvelles,
tout cela avec douceur et tendresse, sans regrets.
Sachant cela, sois fier·ère de toi ;
de toute façon, tu es déjà meilleur·e qu'hier.

La liberté,
la vraie,
la seule,
est de m'aimer
sans conditions.

Déplace-toi

Si la joie n'habite pas tes actions de la journée,
regarde celles que tu fais par obligation
ou par peur
et qui t'apportent un sentiment d'insécurité,
de stress et d'obligation.
Et vois si tu peux progressivement les éradiquer
ou les reporter à un autre jour
plus propice pour les exécuter.

Tourne ton regard vers l'intérieur,
c'est là que tu trouveras tout ce que tu cherches.

Si tu n'es pas heureux·se
de ce que tu es ou de là où tu es,
déplace-toi.

Parce que si tu étais censé·e rester
au même endroit,
tu aurais des racines plutôt que des pieds.

**Je sais que
je suis le Tout et
que le Tout
est amour.**

Dans les tempêtes

Si tu as été brisé·e,
mais que tu as encore l'envie d'être doux·ce envers les autres,
alors tu mérites un amour plus profond que l'océan lui-même.

Et celui ou celle qui a dansé avec toi sous les ouragans
va très certainement t'accompagner dans les tempêtes.

Épouse le changement en ayant la souplesse du roseau.
Allège ton quotidien en supprimant tout ce qui ne t'est plus utile
et refuse l'inacceptable en faisant
le deuil de tout ce qui ne te rend pas heureux·se.

Épouser les mouvements de la vie

Certaines périodes t'invitent à vivre davantage à l'extérieur,
en sortant, en faisant vibrer ton corps, en bougeant, en dansant,
en te mélangeant aux foules, en t'unissant au monde.

D'autres périodes, au contraire, t'invitent à ralentir ton rythme,
à rester plus au calme, à t'isoler, à faire une introspection,
à méditer, à lire ou à écrire.

D'autres t'invitent à te confronter à des douleurs physiques,
à des blocages de toutes sortes,
à des ralentissements, des annulations de projets, etc.

D'autres périodes t'invitent à vivre la fin d'un chapitre de ta vie,
et se présentent alors des échecs,
des fins de relations, des séparations, voire des décès.

D'autres périodes encore t'invitent à la contemplation,
à la connexion, et te donnent la possibilité d'irradier
l'amour à l'infini.

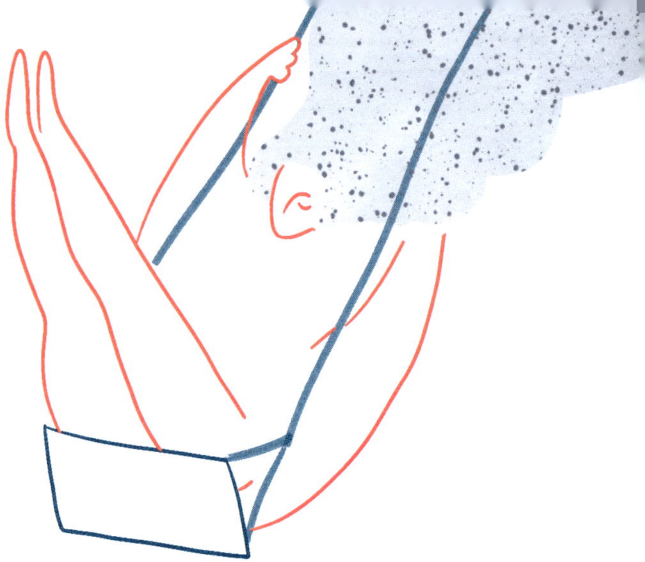

D'autres périodes encore te parlent de liaison, de mariage,
de naissance d'enfant, de projet d'habitation.

D'autres te parlent d'une nouvelle vie professionnelle,
d'une nouvelle voie, d'une nouvelle vocation.

Épouse ces mouvements et accepte de changer
quelquefois du tout au tout
sans te poser d'innombrables questions.

Plus tu t'adaptes rapidement, plus tu te laisses flotter
sur les rivières du temps et sur les caresses de la vie,
plus tu vivras de la joie et de la sérénité, tout simplement.

Le reste ne compte pas

Ne gaspille plus ton énergie à essayer
de devenir quelqu'un que tu n'es pas
pour tenter de satisfaire les autres
en ressemblant à ce qu'ils voudraient que tu sois.
Donne-toi la permission
d'être la vraie personne que tu es,
c'est exactement cela que tu dois être.

Sers-toi de la puissance de ta souffrance
pour réaliser tes rêves en la transcendant,
au lieu de l'utiliser pour détruire ta vie.

Parce que ceux que tu aimes ne sont pas éternels,
parce que l'amour ne suppose ni question ni formule,
parce que tu n'es ici que de passage,
parce que tout passe, tout lasse et tout s'arrange toujours,
parce que l'amour est la seule chose qui guérisse tous tes maux
aime, aime, aime.

Le reste ne compte pas et ne comptera jamais.

Je m'ouvre
à tous les possibles.

Responsable ou coupable ?

Sais-tu que, sur le plan spirituel, c'est-à-dire sur le plan de l'être,
nous devrons toujours assumer les conséquences de nos actes ?

Cela revient à dire que nous sommes responsables à 100 %,
non pas de tout ce qui nous arrivent
mais de notre façon de faire face à ces situations.

Une personne « consciente » sait qu'elle devra choisir
sa réaction et en assumer toutes les conséquences.

Sais-tu que personne d'autre que toi ne devra endosser
les conséquences de tes décisions ou réactions ?

Être responsable, c'est être conscient
que ce qui t'arrive fait partie de ta propre création,
mais aussi de ta propre émanation, et résulte de
ta grande faculté à créer.

En devenant plus responsable,
tu vivras beaucoup plus facilement certaines situations
difficiles ou douloureuses
et, surtout, tu auras davantage de force et de volonté
pour les surmonter.

Devenir de plus en plus responsable te permettra de vivre
plus amplement la paix et la joie intérieures
en te pardonnant tes erreurs, sans te juger ni te culpabiliser.

Accepter d'être

Chaque douleur ou inconfort te permet de prendre conscience
qu'une croyance n'est plus bonne ou plus adaptée
à tes besoins fondamentaux du moment,
les besoins de ton âme.

Si tu vis par peur pour toi et non par amour pour toi,
alors le malaise physique, mental ou émotionnel
apparaîtra afin d'attirer ton attention
et te souffler que tu n'es pas à l'écoute de tes besoins profonds.

Aime-toi dans tes croyances, quelles qu'elles soient.
Remercie-les pour la protection qu'elles ont pu te donner.
Invite-les à partir et, si elles ne sont pas prêtes,
laisse-les prendre de la place en toi,
c'est que tu en as encore besoin.

Au fur et à mesure que tu accepteras
d'être tel·le que tu es avec tes croyances du moment,
tu pourras avoir accès plus facilement aux besoins de ton âme.

Tu dois d'abord te donner le droit d'être
ce que tu ne désires pas être
avant d'arriver à devenir ce que tu veux être.

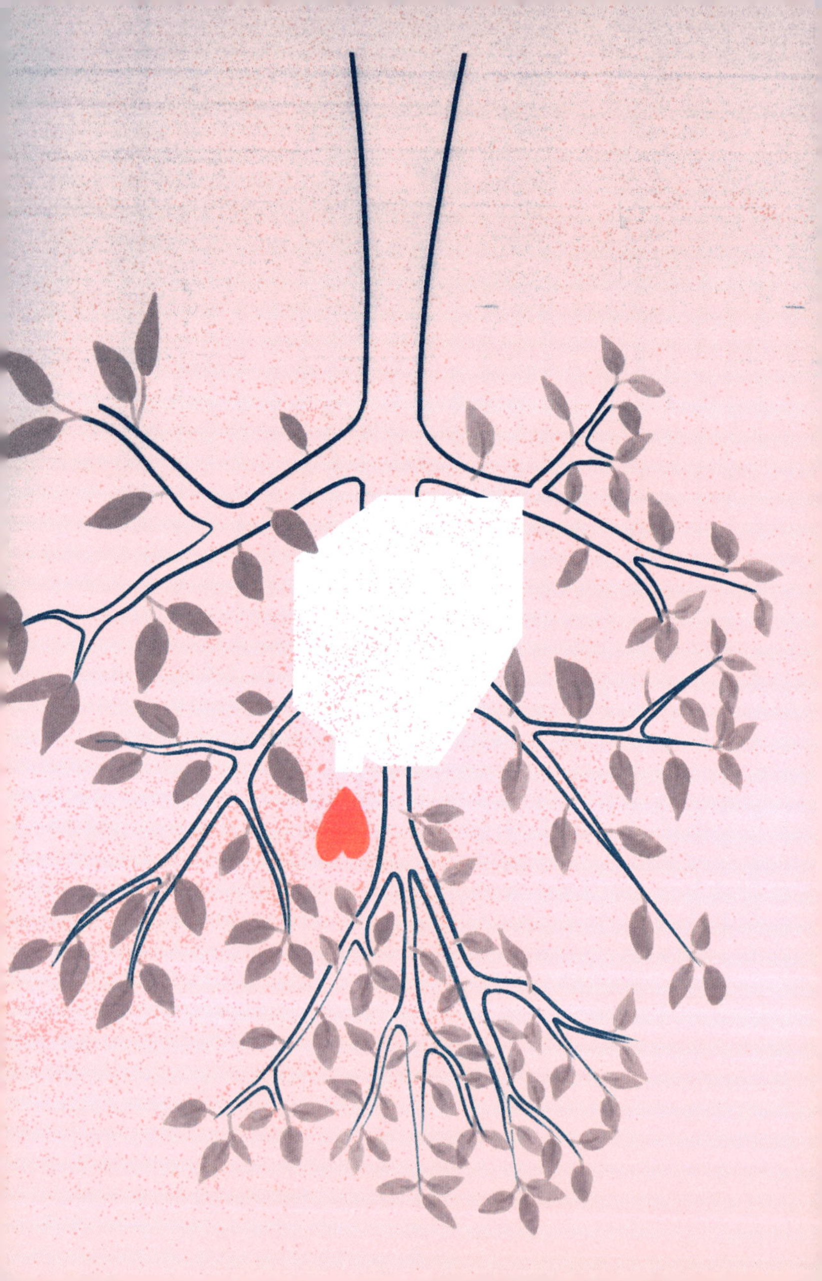

Le monde

Le monde tel qu'il est le meilleur monde
pour chacun·e d'entre nous,
car il reflète toutes les facettes,
jusque dans les moindres recoins,
des parties en nous
que nous n'avons pas encore accueillies,
pardonnées et aimées.

Se poser en victime ne fera qu'augmenter
nos difficultés,
jusqu'à ce que nous prenions conscience
que nous sommes responsables,
et non coupables,
de tout ce que nous vivons, à 100 %.

Loi des séries

Plus tu es dans un état de gratitude,
plus tu attires les choses
qui te donneront envie d'être reconnaissant·e.

Plus tu seras reconnaissant·e
pour chaque petite chose que tu as,
plus tu en attireras de nouvelles.

Mais l'inverse est tout aussi vrai.
C'est ce que l'on appelle la loi des séries.
Aujourd'hui, remercie pour tout ce que tu viens de vivre,
que cela soit de la pure joie, du contentement
de la tristesse ou de la souffrance.
Remercie pour tout cet enseignement.

Gratitude à tout ce qui est.

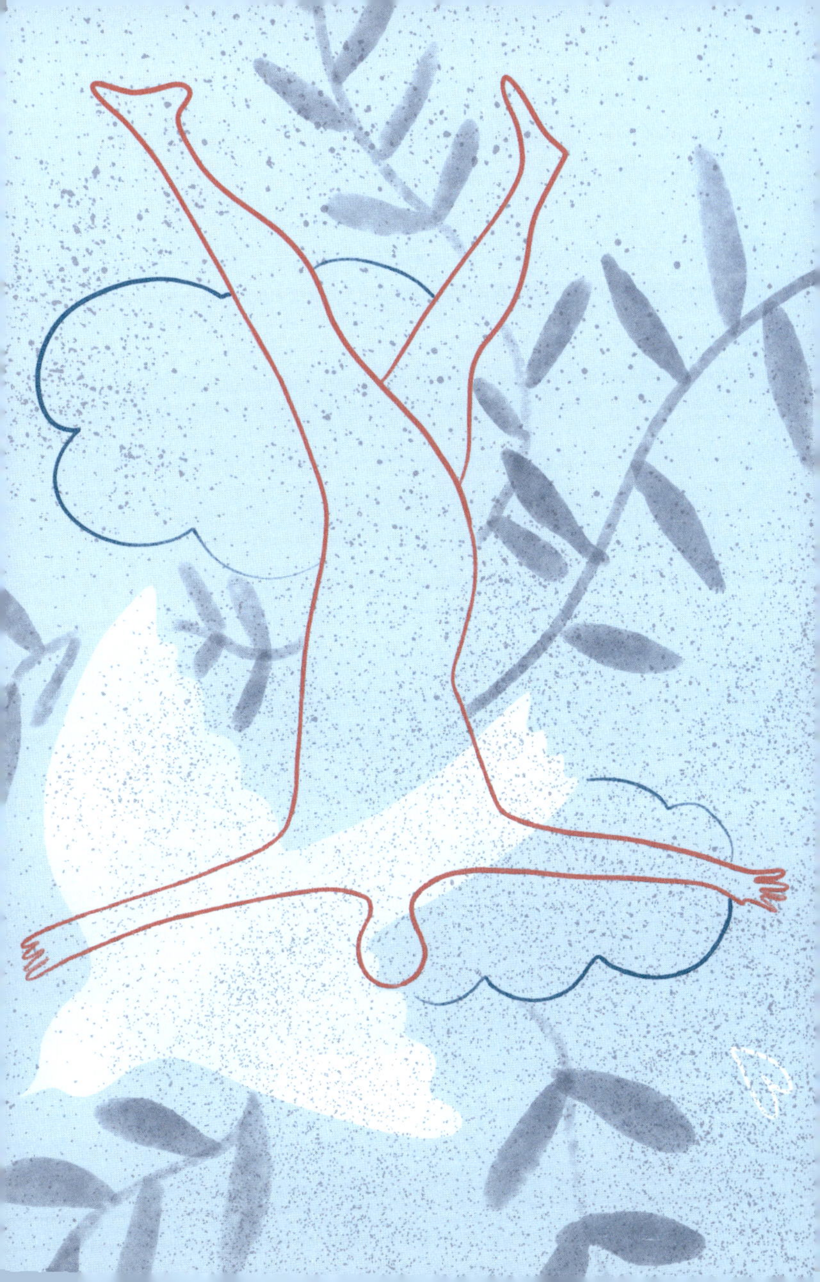

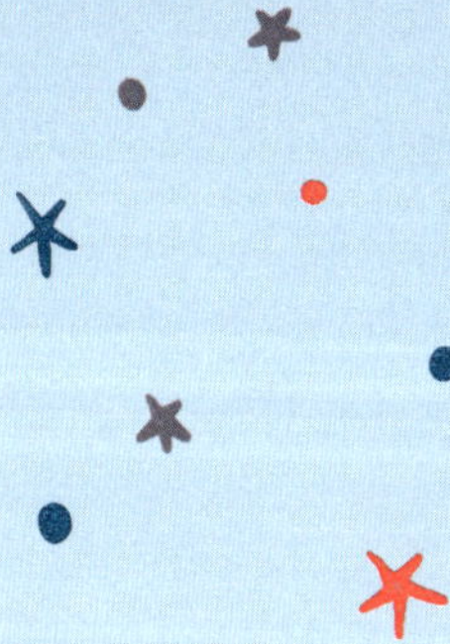

Tu as toujours
le pouvoir
de choisir.

Pardonner

Pardonner, c'est donner le droit à l'autre
de nous avoir blessé par le passé,
en sachant que bien souvent
ce n'était pas du tout son intention,
mais que ses paroles ou son comportement
ont réactivé chez nous une blessure émotionnelle
dont il·elle n'est pas responsable.

Oui, on a besoin de la relation avec autrui
pour savoir où l'on en est avec soi.

Que chacune de tes paroles
élève la conscience de l'autre
et ne le·la rabaisse pas,
et cette attitude te reviendra au centuple.

Si tu veux faire la paix avec ton ego,
aime-le, écoute-le,
et ensuite enseigne-lui la voie de l'amour.

Pardonne-toi. Pardonne tout.

Un oui total

Le futur ne peut pas te rendre complet·ète et rempli·e,
de même que le passé ne peut te rassurer
et te faire avancer dans la joie.

Arrête cette course folle du
« Quand j'aurai ceci ou quand je serai cela »,
et respire ce que tu es, là, tout de suite,
peu importe ce que cela comporte.

Maintenant que tu es immobile,
présent·e et vigilant·e, peux-tu dire « oui » ?
Un oui total, sans ambiguïté ni mentalisation.
Non pas un oui de soumission,
mais un oui d'abandon à ce qui est.

Ne crois pas qu'en disant « oui »,
tu perds ton pouvoir d'améliorer ce qui ne te plaît pas.
Tu lâches simplement la résistance du « non »
et laisse enfin circuler l'énergie bloquée
qui va pouvoir desserrer tes liens
et t'apporter un sentiment de liberté.
La course folle prend fin dans ce « oui »,
car il comporte tout ce que tu es vraiment :
la paix, l'humilité, la sagesse et la compassion.

Le calme et la sérénité sont maintenant disponibles dans ce « oui ».
tu les goûtes, tu t'en délectes et tu jouis de ta propre présence.

Le destin, l'avenir ou le futur n'ont alors plus aucun sens.
Il y a juste cet instant d'éternité qui remplit tout ton espace
et ouvre totalement ton cœur à l'amour.

Le centre de ton cœur

La vie est parfaite à chaque instant.
Elle résonne et vibre à notre merveilleuse imperfection
en nous renvoyant de l'extérieur
tout ce que nous n'avons pas accueilli à l'intérieur.

Il n'y a rien à changer, rien à transformer,
il y a juste à observer, laisser couler et aimer.

Si ton mental te dit de changer
parce que « ça n'est pas correct »,
accueille d'abord de ne pas être correct·e
et vis cela en pleine conscience.

Donne-toi le droit d'être.
Plus tu te donneras le droit d'être ce que tu ne veux pas être,
plus tu pourras aller sans effort vers ce que tu dois être.
Plus tu te bats contre toi, plus ce que tu ne veux pas s'intensifie.

En d'autres termes, tu es déjà ce que tu cherches,
mais tu cherches au mauvais endroit.
Le bon endroit est le centre de ton cœur.

Impermanence

Quoi qu'il t'arrive,
c'est toujours une occasion de grandir.
Il n'y a pas de problèmes ni d'épreuves,
il n' y a que des occasions de grandir
et cela te donne l'opportunité
de modifier ta perception de toi-même.

Te traiter comme la plus belle personne
que tu voudrais rencontrer
est la plus haute forme de gratitude
envers toi-même jamais rencontrée.

Accepter que la vie soit faite de hauts et de bas,
c'est prendre le risque d'apprendre à naviguer
sur les flots quelquefois agités
de l'impermanence de toutes choses.

Peut-être que ce risque s'appelle l'amour.

Amour universel

L'évolution spirituelle qui mène
au changement de conscience
ne peut pas être vécue dans la vitesse,
l'impatience et la précipitation.

Le contenu du système de valeurs
doit être épuré petit à petit, sous peine
d'une incomplète intégration
et une rechute systématique
dans les anciens mécanismes émotionnels et mentaux.

Tu dois progressivement descendre
à l'intérieur de toi
et t'ouvrir à toutes les vibrations qui t'habitent,
sans crainte, avec une ouverture du cœur
qui n'a besoin d'aucun critère particulier,
juste que tu sois toi et t'aimes sans vouloir te changer.

Cela s'appelle t'accueillir,
te donner le droit,
t'aimer inconditionnellement.

Alors, le changement s'opérera sous tes yeux,
car la lutte contre toi cessera tout naturellement
et les nouvelles énergies qui te composent
pourront de nouveau circuler
et s'élever vers l'amour universel
que tu cherches tant.

Nos fréquentations

Entoure-toi de personnes qui te font briller
et nourrissent ton âme,
celles qui te donnent envie
de rayonner et d'ouvrir tes bras.

À l'inverse, fuis les personnes
qui te rendent fou·folle
et te tirent vers le bas risquant ainsi
de te faire perdre ta belle lumière.
Elles n'en valent pas la peine.

L'amour se cultive aussi
aux travers des choix que tu fais,
et des gens que tu fréquentes.

Tes rêves

Si tu veux que tes rêves se réalisent,
porte-les dans l'intégralité de ton être,
c'est-à-dire dans ton corps et dans ton esprit.

Vis comme s'ils étaient déjà arrivés
et tu les attireras tout naturellement
à toi avec une facilité déconcertante.

À chaque fois que tu doutes et perds espoir,
rappelle-toi tout le chemin que tu as parcouru
pour arriver jusqu'ici,
et constate que tu as toujours tout surmonté.

Qui le fera pour moi ?

Si tu ne prends pas soin de toi,
qui le fera à ta place ?

Si tu ne prends pas soin de la nature,
qui prendra soin d'elle à ta place ?

Si tu ne fais pas respecter ton espace,
qui le fera respecter à ta place ?

Si tu n'es pas à l'écoute de tes besoins profonds,
qui le sera pour toi ?

Si tu n'es pas ton·ta meilleur·e ami·e,
qui te donnera autant d'amitié ?

Si tu ne deviens pas le père et la mère aimant·e·s de
ton enfant intérieur,
quels parents pourront le devenir pour lui ?
C'est à toi qu'il incombe de guérir tes blessures d'âme
et à personne d'autre.

Pour cela, commence petit à petit à mettre en œuvre des actions
d'amour pour toi,
sans aucune condition,
ce qui te permettra ensuite d'aimer les autres de la même façon,
sans aucune condition.
Cela s'appelle aimer et donner sans attentes.

La délivrance

Dès que tu te demandes : « Quand cela s'arrêtera-t-il enfin ? »,
tu ne fais que prolonger la durée de ce dont tu ne veux pas.

Cesse de te ronger constamment de l'intérieur
pour ce que tu ne peux pas changer,
et tente davantage de te rappeler
tout ce que tu as déjà et que tu ne vois plus.

Remercie d'avoir tous ces cadeaux
et continue plutôt de prendre soin d'eux,
c'est là tout l'art de l'amour.

Lorsque tu n'auras plus peur
d'être qui tu es, tel·le que tu es,
tu pourras observer
que tes troubles diminueront petit à petit.

La délivrance ne se mesure pas en termes de temps,
elle surgit naturellement
lorsque tu ne focalises plus sur elle
et que tu jouis juste de l'instant présent.

Ne demande pas une vie facile

Ne demande pas une vie facile.

Demande une vie où l'on t'envoie les expériences
qui te permettront de guérir les blessures de ton âme.

Demande une vie où l'on t'envoie ce qu'il y a de mieux pour ton évolution spirituelle.
Demande une vie qui te rappelle à quel point tu es merveilleux·se.

Et demande une vie qui te permette de te pardonner
tes erreurs et de développer l'amour inconditionnel,
ce n'est pas grave si tu n'obtiens pas encore ce que tu désires.

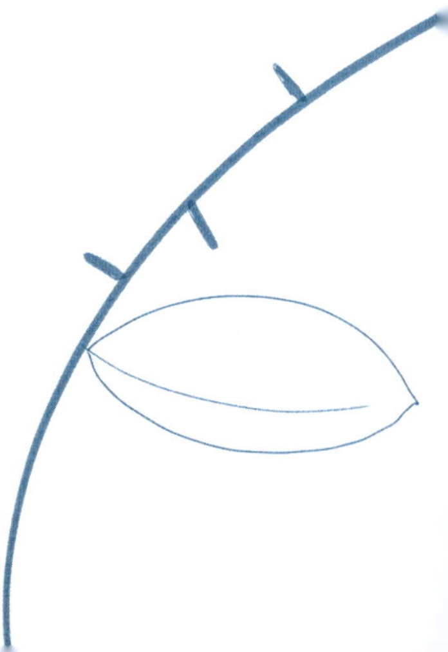

Donne-toi le droit pour l'instant de ne pas y arriver,
il y a forcément de bonnes raisons pour que cela ne fonctionne pas.

Lorsque *tout* sera prêt en toi,
tu verras le miracle s'accomplir.

Oh, peut-être pas de la façon dont tu l'aurais imaginé,
mais le plus important, c'est que tu te sentiras bien quand même.
Continue à travailler, continue à y croire et détends-toi maintenant.

L'univers t'a entendu·e
et il travaille pour toi pendant que tu lâches prise.

Union

Merci à tous ceux qui,
de près ou de loin,
ici ou ailleurs,
d'une façon ou d'une autre,
contribuent à envoyer des ondes d'amour,
que ce soit sous forme d'images,
de textes, de citations,
ou de pensées positives.

Chaque jour, nous nous inspirons,
nous nous élevons,
nous nous stimulons
pour continuer à œuvrer pour la paix.

Ensemble, nous sommes plus forts.

Écouter

Parfois, pour aider,
il suffit d'écouter avec notre cœur,
sans couper la parole,
sans donner des conseils ou faire la morale.
Juste écouter, avec le silence
comme soutien pour l'âme.

Celui qui veut convaincre les autres
de croire à ce qu'il vit
n'est pas totalement convaincu lui-même.
Mais celui qui est ce qu'il vit et croit,
convaincra naturellement grâce
à ce qui émane de lui.

Écouter, c'est la meilleure façon d'aider.

Avoir la foi et aimer

Fais comme si tu avais déjà réalisé
ce que tu souhaites.

La loi de l'attraction ne te demande pas
de « faire » constamment
pour aller vers tes désirs.
Elle te demande surtout d'avoir la foi,
d'agir et être comme si c'était déjà là.

Si tu crois en Dieu,
as-tu besoin de preuve pour Le contacter,
pour Lui parler ?
Poses-tu tout le temps des actions pour cela ?
Tu sais qu'Il est là,
tu sais qu'Il t'habite et tu agis,
tu vis, tu sens et ressens dans ce sens.

Pour tes désirs, c'est exactement pareil !
N'attends pas d'avoir des preuves qu'ils vont aboutir
pour te sentir bien.
Pense, crée, imagine, pose des actions,
sens et ressens comme si
ce que tu souhaitais était déjà arrivé.

Cela s'appelle avoir la foi.
Et aimer.

Savoure

S'ouvrir à ce qui est,
sans lutte, sans peur, sans résistance,
est la clé du lâcher-prise,
donc de tous les possibles.

Sois reconnaissant·e chaque jour
pour tout ce que tu as,
car tu pourrais toujours avoir plus,
mais tu pourrais aussi avoir moins.

Pense à tout ce que tu as mis en œuvre
pour arriver là où tu en es,
et ne le détruis pas parce que tu te sens frustré·e
de ne pas avoir autre chose.

Profite pleinement de l'instant présent
et savoure ce que tu as déjà
au lieu de te sentir vide
de ce que tu n'as pas encore.

Tu renverses le processus

Tu souffres et tu es malheureux·se
pour justifier ce que tu as vécu par le passé.
C'est-à-dire que tu n'as pas été reconnu·e ni validé·e enfant,
dans ta douleur physique, mentale ou émotionnelle.

Tu cherches alors à obtenir cette reconnaissance
et cette validation
en conservant tes problèmes
afin que l'extérieur les reconnaisse et les valide.

Tu te places en victime qui souffre et se plaint souvent,
non pas parce que tu es une mauvaise personne,
mais parce que tu souffres profondément.

Mais cela ne marche pas puisqu'il t'incombe à *toi seul·e*
de reconnaître et de valider la souffrance
de ton enfant intérieur.

Tu ne dois surtout pas t'en vouloir si
tu te reconnais dans ce schéma,
mais au contraire prendre conscience de
ton fonctionnement destructeur
et le valider pour l'instant.

Cesse progressivement de te plaindre,
de te blâmer et de blâmer les autres pour ce qu'il t'arrive
et renverse le processus afin d'activer
la puissante loi d'attraction qui attire le plus souvent
ce à quoi l'on pense.

Puis, lorsque tout sera prêt en toi,
tu laisseras partir tes anciennes croyances
pour honorer le présent qui t'habite,
et surtout pour te laisser remplir de l'amour qui guérit tout.

Tu dois donc retourner à l'intérieur de toi
et guérir cet enfant blessé qui sommeille
au plus profond de ton être et de tes racines,
et qui attend depuis toujours
que tu lui donnes cet amour qu'il n'a jamais eu.

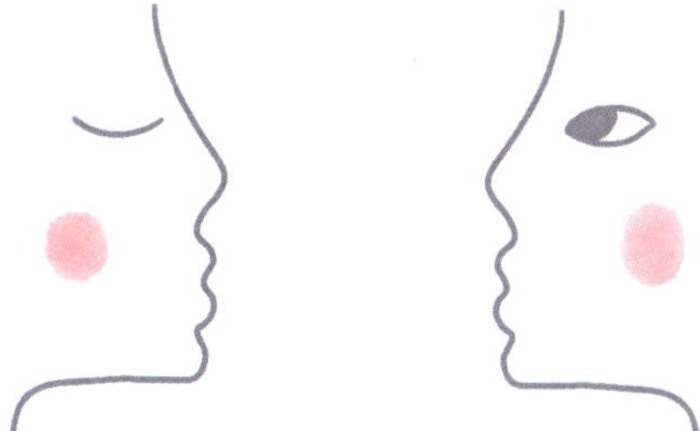

N'abandonne jamais

Tout ce qui te dérange chez les autres
te renvoie à quelque chose qui t'appartient.

Tout ce que tu admires chez les autres
te renvoie aussi à quelque chose qui t'appartient,
mais auquel tu ne crois pas encore.

Tu n'es jamais victime d'une situation.
D'une certaine façon, tu as donné ton accord.

Le seul pouvoir que tu aies sur cette Terre
est celui de choisir.

Tu es toujours dans une situation
par l'effet de la loi d'attraction,
tu es donc toujours au bon endroit
malgré ce que tu peux penser.

Tu peux choisir de changer de direction
et d'en assumer toutes les conséquences.

Le chemin de la maison

Plus tu reçois de la lumière,
de l'amour, de la joie et de l'énergie,
plus ton devoir sacré est de les redistribuer.

Si tu ne le fais pas,
cette lumière et cette puissance d'amour
vont éclater en toi
et t'apporter toutes sortes de déséquilibres.

Nous sommes tou·te·s
interconnecté·e·s à la Source
et interrelié·e·s à la Lumière divine,
nous devons donc tou·te·s nous aider
les un·e·s les autres
à retrouver le chemin de notre maison.

Rayonne

Ne perds plus ton énergie
à tenter d'éradiquer de ta vie
tout ce que tu ne veux pas.

Utilise plutôt ton énergie
à continuer de briller
par tes pensées élevées de joie,
de gratitude et de contemplation de ce qui est là.

La seule façon d'éliminer les ténèbres
est de rayonner de toute ta lumière
et certainement pas de te battre contre elles,
ce qui ne ferait que les amplifier et les nourrir.

Rayonne,
aime et remercie,
c'est tout ce que tu as à faire.

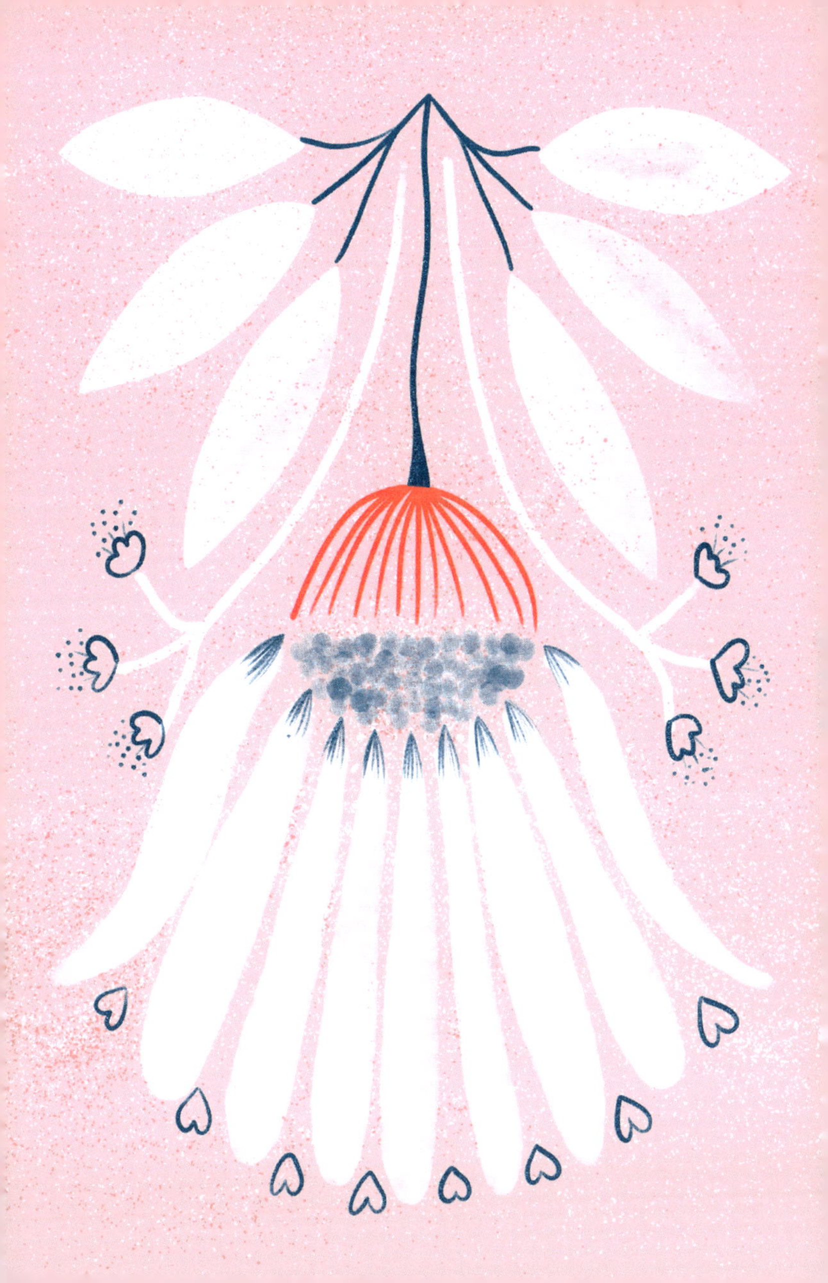

Dans le silence

Dans le silence,
tu ne chercheras plus.

Dans le silence,
il n'y a rien à attendre,
rien à espérer,
rien à comprendre,
rien à faire ni avoir.

Dans le silence,
se fera l'écho de ton âme
éternellement belle et pure,
pleine de sa propre résonance,
nourrie de l'intensité d'être.

Toutes les réponses à tes questions sont en toi.

Tout ce que tu as à faire,
c'est écouter les messages de ton corps
et de ton esprit.

Le vide

Lorsque tu as l'amour, peu importe sa forme.
Dans le fond, n'est-ce pas cela la richesse ?

Peu importe l'accumulation des biens matériels,
le statut que tu peux avoir, les diplômes, les réussites, etc.
Ils font du bien sur le coup,
mais le même vide revient peu après
si l'amour n'est pas au centre de ce que tu as.

L'amour, le vrai, lui, est éternel.
Il remplit chaque parcelle, chaque cellule de ton corps.
Il donne un sens profond à ta vie.

Il permet de t'élever
et de relever des défis qui dépassent l'entendement.
Il porte, supporte, soulève, construit, dynamise,
ressource et emmène vers tous les possibles !
Aime, aime, et tu ne connaîtras plus jamais
le manque de quoi que ce soit
et le mot « vide » perdra totalement son sens.

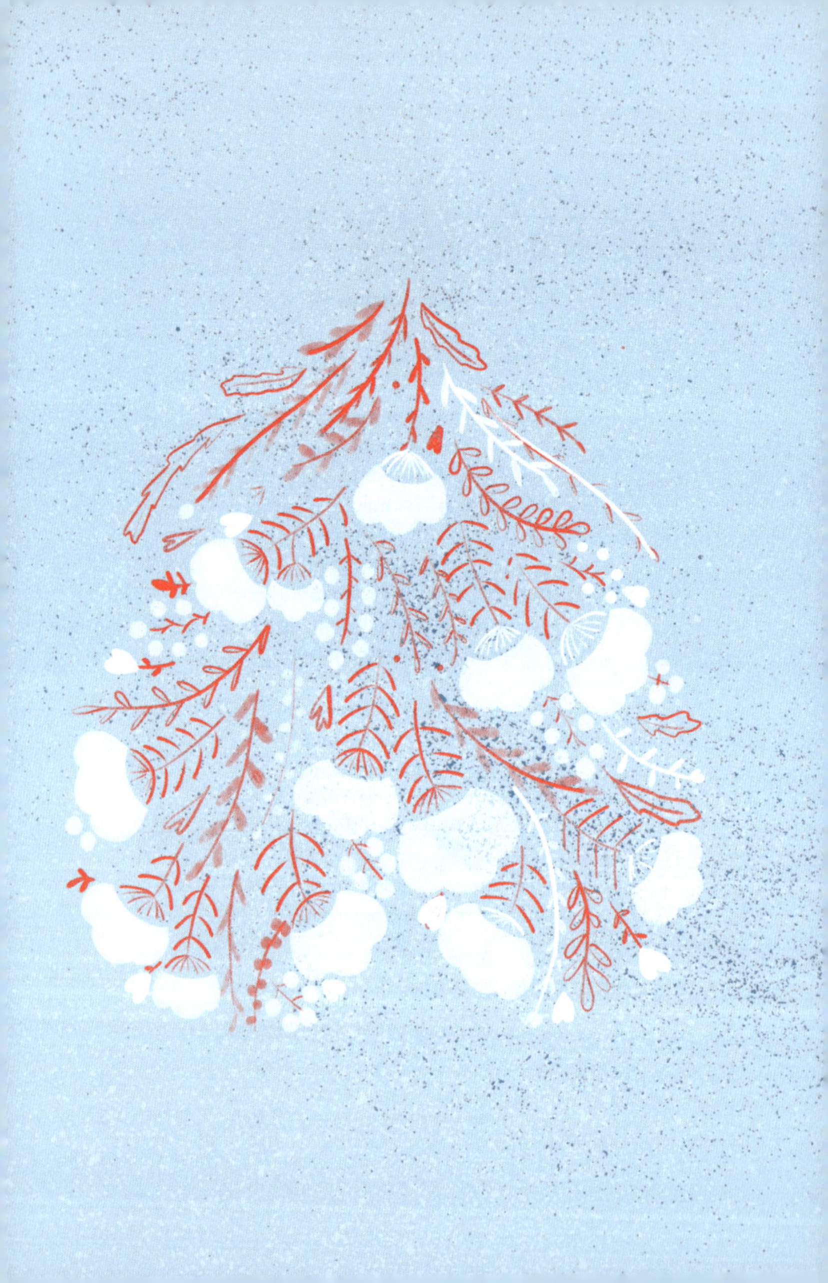

L'amour t'aime

Accueille ce qui vient,
là, en ce moment, quelle qu'en soit la nature.

Ton propre amour a besoin
de remonter au sein de ton cœur,
laisse partir tes peurs,
laisse partir ton passé,
laisse la source couler en toi.

N'aie pas peur des angoisses,
des tensions de ton corps,
des vieilles mémoires et culpabilités.
Laisse-les partir,
laisse-les sortir,
accepte de te nettoyer, de te purifier.

Éprouve de la joie dans tout ce chaos,
il est une bénédiction pour ta délivrance.

Remercie la vie pour ses présents.

L'amour t'aime.

Direction : Catherine Saunier-Talec
Responsable éditoriale : Lisa Grall
Éditrice : Anissia Martin
Assistante d'édition : Margot Baudichet
Préparation de copie : Sylvie Dumont-Josset
Correction : Cécile Grembert
Principe de couverture : Cécilia Rehbinder
Illustration de couverture : Malin Gyllensvaan
Texte : Maud Albertini
Mise en pages et illustrations : Aurélie Lequeux
Fabrication : Anne-Laure Soyez
Responsable communication : Johanna Rodrigue
Responsable partenariat : Dana Lichiardopol - dlichiardopol@hachette-livre.fr

Dépôt légal : octobre 2022
ISBN : 978-2-01-716903-1
82-8861-9/2

Imprimé en Espagne

Nous utilisons des papiers composés de fibres naturelles, renouvelables, recyclables et fabriqués à partir de bois issus de forêts adoptant un système d'aménagement durable. En outre, nous travaillons avec des fournisseurs de papier qui s'inscrivent dans une démarche de certification environnementale reconnue.

PAPIER À BASE DE FIBRES CERTIFIÉES

hachette PRATIQUE s'engage pour l'environnement en réduisant l'empreinte carbone de ses livres. Celle de cet exemplaire est de :
1,3 kg éq. CO_2
Rendez-vous sur www.hachette-durable.fr

58, rue Jean Bleuzen – 92178 Vanves Cedex